INTELIGÊNCIA ARTIFICIAL PARA NEGÓCIOS

Organização e Curadoria

Antonio Muniz
Gilberto Strafacci

INTELIGÊNCIA ARTIFICIAL PARA NEGÓCIOS

Aprenda como dez empresas brasileiras geraram resultados com IA

BRASPORT

Rio de Janeiro

2025

BRASPORT Livros e Multimídia Ltda.
Rua Sete de Setembro, 48, 3º andar, loja 301
Centro, Rio de Janeiro, RJ, CEP 20050-009
Tel./Fax: (21)2568.1415
e-mails: administrativo@brasport.com.br
vendas@brasport.com.br
editorial@brasport.com.br
www.brasport.com.br

Editor:
Antonio Muniz

Operação:
Monaliza Rosario

Produção Editorial:
Marina Oliveira

Editoração Eletrônica:
Rinaldo Mickus
Gleyce Roberta

Capa:
Rinaldo Mickus

MISTO
Papel | Apoiando o manejo florestal responsável
FSC® C111076

Dados Internacionais de Catalogação na Publicação (CIP)
(Câmara Brasileira do Livro, SP, Brasil)

Inteligência artificial para negócios : aprenda como dez empresas brasileiras geraram resultados com IA / organização e curadoria Antonio Muniz, Gilberto Strafacci.-- 1. ed. -- Rio de Janeiro : Brasport Livros e Multimídia, 2025.

Vários autores.
Bibliografia
ISBN 978-65-6096-080-0

1. Gestão de negócios 2. Inteligência artificial - Inovações tecnológicas 3. Tecnologia 4. Transformação digital I. Muniz, Antonio. II. Strafacci, Gilberto.

25-289684 CDD-658.0563

Índices para catálogo sistemático:

1. Inteligência artificial : Organizações : Administração 658.0563

Aline Graziele Benitez - Bibliotecária - CRB-1/3129

CONHEÇA O PATROCINADOR DO LIVRO

Advisor IT Services

Nossa missão é ajudar os nossos clientes a multiplicarem resultados, respeitando o contexto de cada empresa e valorizando o repertório das suas equipes.

Somos referência em agilidade para negócios, gestão de projetos, *DevOps*, qualidade de software, gestão de produtos e desenvolvimento de software.

O nosso portfólio une serviços de consultoria, capacitação e alocação de profissionais especializados Advisor Prime.

Consulte nosso site para entender como podemos multiplicar também os seus resultados:

<www.advisor.tec.br>

Conheça o idealizador do livro

ANTONIO MUNIZ

Empresário, escritor, editor, palestrante, professor universitário e coordenador de MBAs.

Colaborou com mais de 40 mil pessoas e mais de 100 times em consultorias, mentorias, cursos de MBA, workshops e palestras em empresas líderes de mercado, como Prudential, SulAmérica, Petrobras, Vivo, Itaú, Oi, Eletrobras, Energisa, DHL, Accenture, Icatu, Banco do Brasil, Banco Safra, Banco PAN, Citibank, Finep, Totvs, Banco Carrefour.

Como fundador e headhunter da Jornada Colaborativa, mobilizou milhares de autores e formou novas lideranças para escrever mais de 50 livros sobre tecnologia, desenvolvimento de software, agilidade, inovação e liderança. Como iniciativa voluntária, doamos mais de R$ 550 mil para instituições com o lançamento dos livros em parceria com a Editora Brasport e com o apoio de empresas amigas.

Sua formação tem uma base multidisciplinar em negócios, tecnologia e liderança, com mestrado em administração no Ibmec, MBA em telecomunicações na FGV, graduação em tecnologia na Unigranrio e certificações em agilidade, Lean, tecnologia, projetos, processos e serviços.

SUMÁRIO

INTRODUÇÃO

A inteligência artificial (IA) deve gerar resultados de negócio para fazer sentido a sua adoção nas empresas. Será que o investimento previsto de trilhões de dólares até 2032 (SINGH; RANA, 2024) será bem aplicado? Você aprenderá neste livro, com *cases* reais brasileiros, a adaptar os aprendizados em sua empresa, visando reduzir o risco de adoção de IA apenas porque todos dizem que estão fazendo.

Kai-Fu Lee destaca em seu livro "Inteligência Artificial" (2019) que esse tema ganhou maior destaque quando a China colocou a inteligência artificial como estratégia de governo após o AlphaGo vencer em 2016 o maior jogador de Go do mundo. Existem alguns motivos para esse marco ser considerado mais importante do que a vitória do Deep Blue da IBM sobre o Kasparov em 1997, que era o maior jogador de xadrez do mundo na época:

1. Enquanto o xadrez tem um fator limitado de possibilidades, o Go possui um número significativamente maior de configurações possíveis.

2. A vitória do Deep Blue sobre Kasparov foi baseada em algoritmos de busca e avaliação de posição, combinados com poder computacional massivo (força bruta). Por outro lado, a vitória do AlphaGo foi impulsionada pelo aprendizado de máquina e pelo uso de redes neurais profundas. Essa abordagem demonstrou a capacidade da IA de aprender e melhorar por conta própria, sem depender exclusivamente de programação prévia.

3. O Go é um jogo que requer pensamento estratégico mais amplo e flexível. A vitória do AlphaGo demonstrou a capacidade da IA de alcançar níveis de jogo semelhantes aos dos melhores jogadores humanos, combinando cálculos lógicos com intuição e criatividade.

As tecnologias sempre estiveram ao nosso redor, mas a popularização da inteligência artificial (IA) cresceu exponencialmente com a adoção acelerada do ChatGPT em 2023, trazendo reflexões importantes sobre o papel das pessoas nesse mundo em que as habilidades humanas precisam estar no lugar adequado para não perder a relevância quando comparamos com a velocidade e confiabilidade das máquinas.

Desde o seu lançamento em novembro de 2022, o ChatGPT está estremecendo o mundo dos negócios porque conseguiu concretizar ações inimagináveis há algum tempo, mas que muitos especialistas já imaginavam ser possível com o poder da inteligência artificial.

O ChatGPT pode ser classificado como uma IA generativa e representa uma evolução significativa em comparação aos modelos tradicionais:

1. Capacidade de criar conteúdo original, enquanto a IA tradicional é mais voltada para classificar e reconhecer informações preexistentes.

2. Flexibilidade e adaptabilidade em relação às abordagens anteriores porque pode ser treinada para aprender e sintetizar informações de várias fontes, gerando resultados criativos e personalizados.

3. Explora e modela distribuições de probabilidade complexas, podendo entender e representar melhor a incerteza e gerar resultados que se assemelham a amostras do mundo real.

4. Se por um lado as abordagens tradicionais de IA dependem de grandes quantidades de dados rotulados para treinamento, a IA generativa pode aprender de forma mais eficiente, extraindo informações úteis de conjuntos de dados não rotulados e tornando o processo de treinamento mais eficiente.

5. Potencial significativo para impulsionar a criatividade e a inovação ao gerar conteúdo original e construir resultados surpreendentes em diversas áreas como design, arte, música e escrita criativa.

Outro motivo de tanto destaque para o ChatGPT é a sua velocidade de adoção. Em janeiro de 2023, o ChatGPT tornou-se o *app* com o maior crescimento da história: 100 milhões de usuários após dois meses do seu lançamento em novembro de 2022. Anteriormente, o TikTok detinha esse recorde, com oito meses. O Instagram levou quase três anos para atingir esta marca.

Para exemplificar o poder do ChatGPT, apresentarei uma parte da atividade prática que passei para meus alunos de MBA:

1. Desafiei a turma a atuar em grupos fazendo a função de Gerente de Produtos do Google, que está superpreocupado com o avanço desse novo concorrente, que parece ter aparecido do dia para a noite.

2. Um dos alunos levou esse desafio para o ChatGPT. Confira a seguir o diálogo real:

   a) Aluno pergunta: “o que o gerente de produtos do Google deveria fazer para concorrer com o ChatGPT?”

   b) ChatGPT responde: “para concorrer com o ChatGPT, o gerente de produtos do Google deveria trabalhar em aperfeiçoar e diferenciar seus próprios modelos de linguagem, fornecer soluções personalizadas e integradas aos clientes e investir em pesquisa e desenvolvimento para expandir suas capacidades e habilidades. Além disso, pode ser útil explicar novos mercados e usar *cases* para seus modelos de linguagem”.

   c) Aluno pergunta: “que tipo de experimentação esse gerente de produtos poderia fazer para verificar se as mudanças seriam positivas?”

   d) ChatGPT responde: “o gerente de produtos do Google poderia experimentar diferentes abordagens para verificar a eficácia das mudanças propostas, incluindo

      i. Teste A/B: dividir o público em dois grupos e comparar o desempenho dos modelos de linguagem antigos e novos para ver qual é a mais eficaz.

      ii. Avaliação humana: contratar avaliadores humanos para avaliar a qualidade das respostas dos modelos de linguagem e compará-las aos ChatGPT.

iii. Análise de dados: coletar dados sobre o uso dos modelos de linguagem e analisá-los para identificar pontos fortes e fracos e determinar como melhorá-los.

iv. *Feedback* de clientes: obter *feedback* direto de clientes sobre suas experiências com os modelos de linguagem e usar essa informação para melhorar as soluções."

O ChatGPT finaliza as suas recomendações com a seguinte observação: "estes são apenas alguns exemplos de experimentos que o gerente de produtos pode realizar para verificar se as mudanças seriam positivas. A escolha do método ideal depende dos objetivos e das condições específicas do projeto".

Quando os grupos foram apresentar as suas propostas, confesso que fiquei muito surpreso com as respostas do ChatGPT, em comparação com ações similares dos outros times, que debateram com maior profundidade as possíveis soluções. Se você tem experiência com produtos digitais, agilidade ou inovação, certamente identificou ações concretas que foram apresentadas pelo ChatGPT. Tudo bem que tem uma parte também condizente com a resposta "de consultor", o famoso depende (hehehe)...

Levei o debate para o meu LinkedIn e vários comentários enriqueceram ainda mais as ações que o Google poderia realizar para não perder a relevância e o seu *market share* de 90% das buscas que são realizadas na internet antes da chegada do ChatGPT.

Especialistas de mercado começaram a levar mais a sério o ChatGPT quando a Microsoft anunciou, no dia 23 de janeiro de 2023, o aporte de US$ 10 bilhões no produto, visando competir com Google, Meta e Amazon. O próprio Google convocou os seus fundadores para o contra-ataque no lançamento do Bard, no dia 06 de fevereiro de 2023. Porém, em sua estreia, o Bard cometeu erros básicos e o Google perdeu US$ 100 bilhões em 24 horas, uau...

Segundo relatório da Bloomberg Intelligence, o mercado que o ChatGPT fomenta pode chegar a US$ 1,3 tri ao ano até 2032. Para fins comparativos, o valor representava US$ 40 bilhões em 2022 (RUDNITSKY, 2023).

A popularização do ChatGPT acelerou também a criação de novas ferramentas que usam IA. Listo a seguir alguns exemplos de aplicativos que estão surgindo aos montes a cada dia:

1. **Midjourney e Dall-E:** gera imagens usando algoritmos avançados a partir de texto em linguagem natural. Permite combinar conceitos para criar imagens originais e surpreendentes.

2. **Whisper:** sistema de reconhecimento de fala automático que transcreve áudio em texto com alta precisão e profundidade.

3. **ElevenLabs:** gera áudio falado de alta qualidade em qualquer voz, estilo e idioma com a ferramenta *text to speech* mais avançada já criada.

4. **Gamma:** cria apresentações de *slides*, documentos e páginas da web.

5. **Remini:** usa IA para reconhecer borrões, arranhados e falta de nitidez em suas fotos, para, então, aplicar melhorias em cada detalhe.

6. **Colorize:** colore fotos em preto e branco, em escala de cinza ou com visão noturna.

7. **Lensa:** editor de fotos e vídeos que permite ao usuário fazer diversos ajustes em suas *selfies* até obter o resultado perfeito.

8. **Replika:** conversa com a IA sobre os mais diversos assuntos, transformando-o em um parceiro com quem você consegue se divertir, aprender coisas novas ou simplesmente se animar em um dia ruim.

9. **Socratic:** acesso rápido a respostas e explicações para questões diversas, como equações matemáticas, conceitos filosóficos, biologia e mais.

10. **Youper:** ajuda a controlar a ansiedade, melhorar o humor, reduzir pensamentos negativos, melhorar a autoestima e aumentar a motivação por meio de dicas e exercícios.

11. **Waterkmark:** remove marcas d'água de qualquer imagem.

12. **PhotoFix:** remove pessoas e objetos indesejados de imagem e artes.

13. **Pictory AI:** cria vídeos curtos de forma automática.

14. **Murf AI:** transforma texto em voz.
15. **LeiaPix:** transforma foto em imagens 3D.
16. **Kreador AI:** cria vídeos em múltiplos idiomas usando IA.
17. **Slides AI:** cria *slides* de apresentações em poucos segundos.
18. **KickResume:** esta IA o ajuda a criar um currículo completo.
19. **Magfy Design:** transforma texto em design para Figma.
20. **Hypertype:** escreve e-mails com mais velocidade.
21. **Elai:** cria vídeos com apresentadores criados através de IA.
22. **Flair AI:** cria fotografias profissionais.
23. **Piggy Quiz Maker:** cria questionários de forma simples.
24. **QRCraft:** cria QR Codes personalizados.
25. **CamelAGI:** automatiza tarefas repetitivas.
26. **Plask:** gera imagens com poses personalizáveis através de IA.

As variadas aplicações da IA podem acelerar resultados, mas precisamos também ter cuidado com promessas infundadas de que todos os problemas serão resolvidos com essas tecnologias. Por exemplo, fazer as perguntas certas para o ChatGPT torna-se tão importante quanto ter o repertório adequado para interpretar as respostas. Em artigo na *Harvard Business Review*, Ogus A. Acar (2023) alerta que a febre por *prompts* com perguntas mágicas para o ChatGPT está com os dias contados por três motivos:

1. As gerações futuras de sistemas de IA ficarão mais intuitivas e aptas a entender a linguagem natural, reduzindo a necessidade de *prompts* meticulosamente projetados.
2. Novos modelos de linguagem de IA como o GPT4 já mostram uma grande promessa na criação de *prompts* – a própria IA está prestes a tornar a engenharia de *prompt* obsoleta.

3. A eficácia dos *prompts* depende do algoritmo específico, limitando sua utilidade em diversos modelos e versões de IA.

A ideia do livro é fazer você conhecer os benefícios da IA, com *cases* brasileiros reais. Além disso, você verá como desenvolver a sua capacidade de acreditar cada vez mais em si mesmo, considerando as habilidades humanas que não se perdem com a IA. Você terá acesso a experiências reais de pessoas que conseguiram extrair o melhor da IA, unindo suas experiências e a tecnologia disponível para resolver problemas complexos.

Aproveitando, já quero propor uma reflexão com base em dados apresentados pelo relatório *The Future of Jobs* do Fórum Econômico Mundial (WORLD ECONOMIC FORUM, 2016) destacando que 65% das crianças que estavam no início da vida escolar em 2016 terão uma profissão completamente nova quando entrarem no mercado de trabalho. Isso demonstra que o aprendizado contínuo é muito importante para todas as pessoas que não querem perder a relevância. E para reforçar, um estudo publicado da *Harvard Business Review* (EGGERS; HAGEL; SANDERSON, 2012) concluiu algo alarmante: as habilidades que os graduados adquirem durante a faculdade têm uma vida útil de apenas cinco anos.

Desejo que este livro seja uma poderosa ferramenta para você permanecer relevante no mercado!

PARTE 01.

A TECNOLOGIA E AS HABILIDADES HUMANAS

1.
As profissões impactadas pela tecnologia

ANTONIO MUNIZ

Dependendo da sua idade quando estiver lendo este livro, você deve lembrar de muitas atividades que foram parcial ou totalmente eliminadas com o avanço tecnológico. Esse processo será acelerado cada vez mais daqui para a frente.

Fiz um resumo a seguir para ajudá-lo com uma perspectiva histórica das profissões que foram eliminadas nos últimos duzentos anos:

1. **Acendedor de lampião:** quando não existia luz elétrica, esse profissional acendia, apagava e cuidava das lamparinas à base de gás ou óleo que iluminavam as ruas das cidades.

2. **Telefonista:** profissional que conectava chamadas manualmente usando uma central telefônica com plugues e tomadas, antes da automação das centrais telefônicas.

3. **Copista:** responsável pela escrita à mão de documentos e livros antes da invenção da imprensa e, posteriormente, das máquinas de escrever e dos computadores.

4. **Despachante de gelo:** antes da invenção dos refrigeradores elétricos, era responsável por entregar blocos de gelo para as residências e estabelecimentos comerciais para conservar alimentos.

5. **Leitor de fábrica:** profissional que lia livros e jornais em voz alta para os trabalhadores nas fábricas, antes do advento do rádio e dos dispositivos de reprodução de áudio.

6. **Ascensorista:** profissional que controlava manualmente a velocidade e a direção dos elevadores em edifícios, antes da invenção dos elevadores automáticos.

7. **Rebobinador de fitas de vídeo:** talvez você já tenha alugado filmes em locadoras ou na famosa Blockbuster e lembrará que tinha uma pessoa responsável por rebobinar fitas VHS antes de serem alugadas novamente. Comemore a chegada do *streaming* de vídeo...

8. **Lavadeira:** profissional que lavava roupas à mão antes da invenção das máquinas de lavar roupas e dos serviços de lavanderia.

9. **Tecelão manual:** trabalhador que tecia tecidos em teares manuais antes da invenção dos teares mecânicos e da automatização da indústria têxtil.

10. **Afiador de facas e tesouras:** afiava manualmente facas e tesouras, geralmente usando uma pedra de amolar.

11. **Arrumador de pinos de boliche:** recolocava os pinos de boliche manualmente após cada jogada.

12. **Entregador de leite:** entregava leite fresco nas casas das pessoas em garrafas de vidro.

13. **Faroleiro:** mantinha e operava faróis para orientar navios e garantir a segurança na navegação.

14. **Operador de projetor de cinema:** operava projetores de filmes em cinemas antes da era digital.

15. **Carvoeiro:** abastecia trens a vapor com carvão.

16. **Datilógrafo:** digitava documentos usando máquinas de escrever.

17. **Trabalhador da linha de montagem:** montava produtos em uma linha de produção antes da automação. Charles Chaplin gerou grandes reflexões com o divertido filme “Tempos Modernos” em 1936.

A preocupação com o desemprego sempre gerou protestos de trabalhadores e sindicatos com a chegada de novas tecnologias. Embora sendo bastante compreensível esses movimentos, observe a seguir alguns exemplos de como a popularização das novas tecnologias colabora para as pessoas se adaptarem às novas formas de trabalho:

1. A introdução de teares mecânicos e máquinas de fiar durante a revolução industrial levou à redução de empregos e salários para tecelões e fiandeiros manuais. O movimento ludista uniu trabalhadores para destruir máquinas têxteis como forma de protesto contra a mecanização do trabalho, que resultou em demissões e redução de salários.

2. A introdução das linhas de montagem automatizadas por Henry Ford na indústria automobilística provocou greves e protestos em várias fábricas contra a perda de empregos.

3. A automação de processos de produção em fábricas usando robôs e máquinas avançadas gerou preocupações entre os trabalhadores sobre a perda de empregos e a necessidade de se adaptar a novas habilidades. Protestos e greves ocorreram em várias indústrias afetadas pela automação.

4. A introdução dos computadores na área administrativa levou à obsolescência de algumas funções, como datilógrafos. Trabalhadores dessas áreas manifestaram preocupações sobre a perda de empregos e a necessidade de aprender novas habilidades.

5. A adoção de inteligência artificial, aprendizado de máquina e automação em setores como atendimento ao cliente, logística, finanças e saúde levou a protestos e preocupações entre trabalhadores sobre a perda de empregos e a necessidade de desenvolver habilidades relevantes para a nova era digital.

A inteligência artificial (IA) tem um grande potencial de impactar uma ampla gama de atividades e profissões. Embora seja difícil prever exatamente quais empregos serão perdidos, algumas atividades são mais vulneráveis:

1. **Caixas de banco:** a automação dos serviços através de caixas eletrônicos e aplicativos de autoatendimento pode reduzir a necessidade de caixas humanos.

2. **Operadores de telemarketing:** *chatbots* e sistemas automatizados de atendimento ao cliente podem substituir muitos trabalhos.

3. **Trabalhadores da manufatura:** a automação e a robótica podem assumir muitas tarefas repetitivas e de montagem.

4. **Motoristas:** carros autônomos e sistemas de transporte público automatizados podem reduzir a necessidade de motoristas humanos.

5. **Agentes de viagens:** plataformas *on-line* e algoritmos de recomendação podem substituir muitas funções desempenhadas por agentes de viagens.

6. **Analistas de dados:** IA e aprendizado de máquina podem analisar grandes volumes de dados mais rapidamente do que os humanos, potencialmente substituindo alguns analistas.

7. **Profissionais de contabilidade e auditoria:** softwares de IA podem automatizar muitas tarefas de contabilidade e auditoria, como reconciliação de contas e análise de demonstrações financeiras.

8. **Escriturários e digitadores:** a automação de tarefas administrativas e a digitalização de documentos podem reduzir a demanda por esses profissionais.

9. **Profissionais de diagnóstico médico:** IA e aprendizado de máquina podem ajudar a diagnosticar doenças e interpretar exames de imagem, potencialmente substituindo alguns profissionais nessa área.

10. **Agentes imobiliários:** plataformas *on-line* e algoritmos de correspondência podem simplificar o processo de compra e venda de imóveis, reduzindo a necessidade de agentes imobiliários.

11. **Caixas de supermercado:** a automação do *check-out* e a tecnologia de reconhecimento de itens podem substituir caixas humanos.

12. **Atendentes de pedágio:** a adoção de sistemas de cobrança automática e pagamento eletrônico reduz a necessidade de atendentes de pedágio.

13. **Operadores de máquinas:** automação e controle por computador podem substituir muitos operadores de máquinas em setores como manufatura e mineração.

14. **Profissionais de recursos humanos:** a IA pode automatizar tarefas de triagem e seleção de candidatos, reduzindo a necessidade de profissionais de RH em alguns casos.

15. **Atendentes de estacionamento:** a automação do pagamento e a implementação de sistemas de estacionamento automatizados podem reduzir a necessidade de atendentes de estacionamento.

16. **Operadores de centrais telefônicas:** a automação do encaminhamento de chamadas e o uso de assistentes virtuais podem substituir operadores de centrais telefônicas.

17. **Carteiros e entregadores:** drones e veículos autônomos podem ser usados para entregar correspondências e encomendas, reduzindo a necessidade de carteiros e entregadores.

18. **Atendentes de *fast food*:** com a utilização de quiosques de autoatendimento, a necessidade de atendentes de *fast food* humanos pode ser reduzida.

19. **Reparadores de equipamentos eletrônicos:** com a utilização de sistemas inteligentes para diagnóstico e reparo de equipamentos eletrônicos, a necessidade de reparadores humanos pode ser reduzida.

20. **Trabalhadores de linha de montagem:** com a utilização de robôs e automação em linhas de montagem, a necessidade de trabalhadores humanos pode ser reduzida.

21. **Jornalistas:** com a utilização de sistemas inteligentes para criação de notícias e artigos, a necessidade de jornalistas humanos pode ser reduzida.

22. **Tradutores:** com a utilização de sistemas de tradução automática, a necessidade de tradutores humanos pode ser reduzida.

23. **Analistas de mercado financeiro:** com a utilização de sistemas inteligentes para análise de dados e previsão de tendências de mercado, a necessidade de analistas de mercado financeiro humanos pode ser reduzida.

24. **Advogados:** com a utilização de sistemas inteligentes para pesquisa de leis e precedentes, a necessidade de advogados humanos pode ser reduzida.

25. **Médicos radiologistas:** com a utilização de sistemas inteligentes de diagnóstico por imagem, a necessidade de médicos radiologistas humanos pode ser reduzida.

26. **Funcionários de hotel:** com a utilização de quiosques de autoatendimento e sistemas de *check-in on-line*, as vagas humanas serão reduzidas.

Uma das grandes diferenças com a chegada da IA é que não somente os trabalhadores com menos especialização serão impactados, como já ocorreu nas revoluções anteriores. Observe, na lista apresentada, que existem profissões que não haviam sido impactadas até então em suas atividades, como médicos, jornalistas, advogados etc.

Como exemplo dessa revolução na área médica, o Dr. Somashekhar e seus colegas queriam avaliar e comparar a atuação do WFO (Plataforma Watson de IA da IBM para Câncer) e o conselho multidisciplinar de 12 a 15 oncologistas que se reúnem semanalmente para revisar os casos. O grupo estudou os casos de 638 pacientes atendidos no hospital. Eles então analisaram o grau de concordância e o tempo para cada método emitir recomendações (PRINTZ, 2017):

- **Primeira conclusão:** aproximadamente 90% das recomendações da WFO para tratamento padrão ou para consideração foram concordantes com as do conselho de oncologistas.
- **Segunda conclusão:** os pesquisadores levavam de 12 a 20 minutos para capturar e analisar manualmente os dados e gerar recomendações.
- **Terceira conclusão:** a IA levou 40 segundos para capturar e analisar os dados e, em seguida, fazer uma recomendação.
- **Quarta conclusão:** o Dr. Somashekar adverte que, embora a IA seja um passo útil em direção à medicina personalizada, ela deve ser vista como um complemento ao trabalho do médico, não como uma substituição.

No livro "A Quarta Revolução Industrial", o fundador do Fórum Econômico Mundial Klaus Schwab (2018) destaca que existem três elementos que tornam essa revolução diferente de todas que já vivenciamos anteriormente:

1. **Velocidade:** a quarta revolução industrial está se desenvolvendo a um ritmo exponencialmente mais rápido do que as revoluções anteriores. As inovações tecnológicas estão avançando de forma

tão rápida que estão alterando a maneira como vivemos e trabalhamos a uma velocidade sem precedentes.

2. **Amplitude:** a quarta revolução industrial é caracterizada por um escopo muito amplo, afetando quase todos os setores e aspectos da sociedade. Diferentemente das revoluções anteriores, que foram principalmente centradas na manufatura e na produção, a quarta revolução industrial tem o potencial de reconfigurar praticamente todas as indústrias e todas as áreas da vida humana, incluindo saúde, educação, transporte e comunicação.
3. **Profundidade:** ao combinar tecnologias físicas, digitais e biológicas, a quarta revolução industrial tem o potencial de transformar os sistemas econômicos, sociais e políticos globais em uma escala nunca antes vista. Isso pode desafiar as estruturas existentes e criar novas formas de organização e governança.

Schwab destaca que a quarta revolução industrial apresenta enormes oportunidades, mas também traz consigo riscos significativos, como desigualdade, desemprego e ameaças à privacidade e à segurança.

Em artigo publicado no *The Guardian*, Yuval Noah Harari (2017) alerta que até 2050 surgirá uma classe de pessoas chamada "inúteis" que vai além do desemprego. São pessoas que não serão apenas desempregadas, mas que não serão "empregáveis".

Podemos adotar uma postura pessimista ou otimista com o uso mais intensivo das tecnologias, e considero que o equilíbrio é importante para gerar uma atitude mais pragmática.

A automação nas agências bancárias é um exemplo clássico dos impactos da tecnologia na quantidade de vagas. Os pessimistas fizeram previsões assustadoras sobre o fim dos empregos, mas no livro "Trabalho na era da IA" (2020), os autores Ravin Jesuthasan e John W. Boudreau apresentam estudos que provam o contrário:

1. Em 1985, os Estados Unidos tinham 60 mil caixas automáticos e 485 mil pessoas trabalhando como caixa de banco.

2. Em 2022, os Estados Unidos tinham 352 mil caixas automáticos e 527 mil pessoas trabalhando como caixa de banco.

3. Em maio de 2017, apesar do fechamento de 8 mil agências nos Estados Unidos, o número de bancários passou de 2 milhões mesmo com 90% das transações sendo realizadas de forma *on-line*.

Você já deve ter sacado que os bancários precisaram aprender novas habilidades para se manter relevante nos dias atuais, né?

As primeiras aplicações da inteligência artificial são a ponta do iceberg do que ocorrerá no mercado de trabalho e na sociedade daqui para frente.

2.
Os perigos da IA

ANTONIO MUNIZ

O uso da inteligência artificial (IA) apresenta muitas oportunidades e benefícios, mas também traz vários perigos que podem gerar resultados negativos para a humanidade.

A preocupação com o uso inadequado da IA é tão forte que o *Future of Life Institute*, criado em 2015, estabeleceu o tema como um dos quatro grandes problemas da humanidade, ao lado de biotecnologias, tecnologia nuclear e alterações climáticas. A missão do *Future of Life Institute* é afastar tecnologias transformadoras de riscos extremos e de grande escala para beneficiar a vida (<https://futureoflife.org/>).

Esse instituto entende que, se gerenciadas adequadamente, essas tecnologias podem transformar o mundo de forma a tornar a vida substancialmente melhor, tanto para as pessoas vivas hoje quanto para todas as pessoas que ainda vão nascer. Elas poderiam ser usadas para tratar e erradicar doenças, fortalecer os processos democráticos e mitigar – ou mesmo interromper – as mudanças climáticas.

Porém, se gerenciadas de forma inadequada, elas podem fazer o oposto. Elas poderiam produzir eventos catastróficos que deixariam a humanidade de joelhos, talvez até nos levando à beira da extinção.

Confira a seguir alguns dos perigos conhecidos até o momento com o uso inadequado da IA:

1. **Viés e discriminação:** a IA aprende com os dados que são fornecidos a ela, e esses dados podem conter viés humano ou refletir preconceitos sociais. Se não for adequadamente tratado, o viés nos dados de treinamento pode levar a sistemas de IA que perpetuam ou até mesmo amplificam a discriminação e a injustiça.

2. **Perda de privacidade:** com o aumento da coleta e análise de dados, a IA pode representar um risco à privacidade das pessoas. A IA pode ser usada para rastrear e analisar o comportamento dos indivíduos, levantando preocupações sobre vigilância e violações de privacidade.

3. **Segurança e ciberataques:** a IA tem o potencial de melhorar a segurança cibernética, mas também pode ser usada por *hackers* e criminosos para realizar ataques mais sofisticados e eficazes. Além disso, os sistemas de IA em si podem ser alvos de ataques, colocando em risco a integridade dos sistemas e a segurança das informações.

4. **Desemprego:** a automação e a IA podem substituir muitos empregos humanos, especialmente aqueles que envolvem tarefas rotineiras e repetitivas. Isso pode levar ao desemprego e à necessidade de realocar e treinar trabalhadores para novas funções.

5. **Dependência excessiva e falta de responsabilidade:** à medida que a IA se torna mais integrada em nossa sociedade, podemos nos tornar excessivamente dependentes dela, confiando nas máquinas para tomar decisões sem questionamento. Isso pode levar a erros e consequências imprevistas. Além disso, a tomada de decisões por algoritmos pode obscurecer a responsabilidade humana e tornar mais difícil determinar quem é responsável quando algo dá errado.

6. **Manipulação e desinformação:** a IA pode ser usada para criar e disseminar informações falsas ou enganosas, como *deepfakes* e *fake news*, com consequências potencialmente graves para a sociedade, a política e a democracia.

7. **Concentração de poder e desigualdade:** o avanço da IA pode acentuar as desigualdades econômicas e de poder, já que grandes empresas e governos podem ter acesso preferencial a tecnologias avançadas e aos dados necessários para treinar e melhorar os sistemas de IA.

8. **Perda de habilidades humanas:** à medida que nos tornamos mais dependentes da IA, podemos perder habilidades importantes, como pensamento crítico, resolução de problemas e habilidades interpessoais.

9. **Impacto ético e moral:** a IA pode levantar questões éticas e morais complexas, como a tomada de decisões em situações de vida ou morte, no caso de carros autônomos que precisam decidir entre dois resultados potencialmente perigosos.

10. **Risco de superinteligência:** embora seja um tópico controverso e incerto, alguns pesquisadores expressaram preocupações sobre a possibilidade de uma superinteligência artificial, que poderia superar a inteligência humana e se tornar incontrolável ou agir de maneira prejudicial à humanidade.

Seguem alguns exemplos reais da aplicação perigosa da IA:

- Em 2018, foi relatado que um algoritmo de IA usado pela Amazon para a triagem de currículos tinha um viés de gênero, favorecendo candidatos do sexo masculino (DASTIN, 2018). Da mesma forma, sistemas de reconhecimento facial, como os usados pelo software Rekognition da Amazon, mostraram viés racial, levando a erros e discriminação (SNOW, 2018).

- Em 2016, a Microsoft lançou o *chatbot* "Tay" no Twitter, que aprendeu com as interações dos usuários e rapidamente começou a postar mensagens ofensivas e racistas. A empresa teve que desativar o *chatbot* e pedir desculpas pelos incidentes (WAKEFIELD, 2016).

- A IA tem sido usada para criar *deepfakes*, vídeos manipulados que parecem incrivelmente realistas, levando à disseminação de desinformação e manipulação de opiniões públicas. Isso tem potencial para prejudicar a reputação das pessoas e causar danos na política e na sociedade (TOEWS, 2020).

- **Acidentes com carros autônomos:** em 2018, um carro autônomo da Uber atropelou e matou uma pedestre nos Estados Unidos. Esse acidente levantou preocupações sobre a segurança e a responsabilidade dos veículos autônomos e a necessidade de regulamentação mais rigorosa na indústria (WAKABAYASHI, 2018).

- **Sistema de pontuação de crédito discriminatório:** Em 2019, foi relatado que o algoritmo de IA usado pelo Apple Card para determinar os limites de crédito tinha um viés de gênero, resultando em limites de crédito mais baixos para mulheres, mesmo quando elas tinham pontuações de crédito e históricos financeiros semelhantes aos dos homens. A empresa foi investigada e enfrentou críticas pela discriminação (VIGDOR, 2019).

- Blake Lemoine, especialista em inteligência artificial do Google, foi afastado depois de afirmar que o sistema que a empresa tem para desenvolver *chatbots* (software que tenta simular um ser humano em bate-papo por meio de inteligência artificial) "ganhou vida" e teve com ele conversas típicas de uma pessoa (REDAÇÃO BBC MUNDO, 2022).

- Geoffrey Hinton, de 75 anos, anunciou sua saída do Google em entrevista ao jornal americano *The New York Times*, dizendo que agora se arrepende do seu trabalho. Psicólogo cognitivo e cientista da computação, ele afirmou à BBC que alguns dos perigos dos *chatbots* (robôs virtuais) de inteligência artificial são "bastante assustadores". "Neste momento, eles não são mais inteligentes do que nós, até onde eu sei. Mas acho que em breve poderão ser" (O 'PADRINHO', 2023).

Segundo reportagem do *Globo* no dia 30 de março de 2023 (G1, 2023), a *Future of Life Institute* recebeu o apoio de dezenas de professores e pesquisadores, além de alguns engenheiros de software de empresas como Microsoft e Google, que investem nos ChatGPT e Bard respectivamente:

1. O Future of Life Institute afirma que "sistemas de IA que competem com a inteligência humana podem representar riscos profundos para a sociedade e a humanidade".

2. A entidade diz que, nos últimos meses, várias empresas lançaram sistemas de IA "que ninguém – nem mesmo seus criadores – podem entender, prever ou controlar de forma confiável". Também entende que não existe um planejamento adequado para as mudanças que a tecnologia vai causar.

3. Por isso, o grupo pede uma interrupção "pública e verificável" dos treinamentos de sistemas de IA mais avançados que o GPT-4. Esse intervalo seria usado para definir protocolos de segurança e modelos de governança sobre a tecnologia.

4. Entre os signatários mais conhecidos estão:

    a) Elon Musk, dono do Twitter, da Tesla e da SpaceX, ex-investidor e ex-presidente da OpenAI, criadora do ChatGPT

    b) Steve Wozniak, cofundador da Apple

    c) Yuval Noah Harari, autor de "Sapiens – Uma Breve História da Humanidade" e outros livros

    d) Emad Mostaque, diretor-executivo da Stability AI, desenvolvedora de robôs que usam IA para criar imagens

    e) Yoshua Bengio, vencedor da edição de 2018 do Prêmio Turing, que reconhece contribuições à computação

    f) Jaan Tallinn, cofundador do Skype

    g) Evan Sharp, cofundador do Pinterest

3.
Habilidades humanas que não se perdem com a IA

ANTONIO MUNIZ

Embora a tecnologia esteja em constante evolução, as pessoas continuam tendo diferenciais em relação às máquinas.

O Fórum Econômico Mundial (*World Economic Forum* – WEF) publica relatórios periódicos sobre o futuro do trabalho, incluindo informações sobre as habilidades mais valorizadas no mercado de trabalho. Embora cada versão do relatório "The Future of Jobs" destaque uma prioridade das habilidades humanas, destaco a seguir as habilidades que costumam aparecer em várias edições:

- **Resolução de problemas complexos:** a capacidade de identificar e resolver problemas desafiadores e não triviais é fundamental em um mundo em constante mudança e incerto.
- **Pensamento crítico:** avaliar informações de maneira objetiva e analítica e tomar decisões informadas é uma habilidade valiosa em muitos contextos profissionais.
- **Criatividade:** a capacidade de gerar ideias e soluções inovadoras é cada vez mais importante à medida que as organizações buscam se diferenciar e se adaptar às mudanças do mercado.
- **Gerenciamento de pessoas:** liderar, motivar e desenvolver equipes é uma habilidade essencial para enfrentar os desafios organizacionais e promover a colaboração e a produtividade.

- **Coordenação com os outros:** trabalhar efetivamente com outras pessoas, ajustando-se às suas ações e comunicando-se de maneira clara e eficiente, é crucial para o sucesso no ambiente de trabalho moderno.

- **Inteligência emocional:** compreender e gerenciar as próprias emoções e as dos outros é uma habilidade importante para construir relacionamentos, trabalhar em equipe e navegar em situações sociais complexas.

- **Tomada de decisão e análise de dados:** a capacidade de analisar dados e tomar decisões informadas com base nessas análises é cada vez mais importante à medida que as organizações dependem mais de dados para orientar suas estratégias e operações.

- **Orientação para o serviço:** ser capaz de identificar e atender às necessidades dos clientes e fornecer soluções eficazes é uma habilidade-chave em muitos setores.

- **Negociação:** a habilidade de negociar efetivamente e chegar a acordos mutuamente benéficos é importante para construir relacionamentos e alcançar resultados desejados.

- **Flexibilidade cognitiva:** adaptar-se a novas informações e abordagens e ajustar o pensamento de acordo com diferentes contextos é fundamental em um ambiente de negócios em constante mudança.

Habilidades humanas que usamos melhor do que a IA:

1. **Arte e criatividade:** os seres humanos têm habilidades criativas únicas e podem produzir arte, música, literatura e outras formas de expressão artística que refletem emoções e experiências profundas. A IA pode gerar obras de arte, mas muitas vezes carece da mesma profundidade emocional e originalidade.

2. **Empatia e compreensão emocional:** os seres humanos têm a habilidade de compreender e compartilhar emoções, o que é essencial para a construção de relacionamentos e a comunicação interpessoal. A IA pode analisar emoções com base em dados, mas

não experimenta emoções ou compreende a empatia da mesma maneira que os seres humanos.

3. **Contexto cultural e social:** os seres humanos têm a vantagem de compreender o contexto cultural e social no qual estão inseridos, o que é difícil para a IA reproduzir. Isso permite que os humanos se adaptem e entendam melhor as nuances das situações sociais.

4. **Tomada de decisão ética e moral:** os seres humanos são capazes de tomar decisões baseadas em princípios éticos e morais, considerando as implicações de suas ações, enquanto a IA segue algoritmos com diretrizes predefinidas, o que limita sua capacidade. Lidar com questões éticas complexas e ambíguas geralmente requer julgamento humano e compreensão das implicações morais.

5. **Adaptação e aprendizado abstrato:** os seres humanos são capazes de aprender de forma abstrata e adaptar-se a novas situações com base em experiências anteriores, sem precisar de um grande conjunto de dados para treinamento. A IA geralmente precisa de muitos exemplos e dados para aprender e adaptar-se a novas tarefas.

6. **Habilidades motoras complexas:** embora os robôs possam realizar tarefas motoras simples, os seres humanos têm habilidades complexas e conseguem dançar, escalar e fazer acrobacias.

7. **Intuição e pensamento holístico:** os seres humanos têm a capacidade de pensar holisticamente e usar a intuição para tomar decisões em situações incertas. A IA geralmente depende de algoritmos e análises de dados específicos, o que pode limitar sua capacidade de lidar com situações ambíguas ou desconhecidas.

8. **Comunicação interpessoal:** os seres humanos têm a capacidade de se comunicar efetivamente com os outros, adaptando-se a diferentes contextos culturais e sociais. A IA pode realizar funções de comunicação, mas geralmente carece da sutileza e da habilidade de se adaptar às nuances das interações humanas.

9. **Capacidade de improvisação:** os seres humanos podem se adaptar rapidamente a situações imprevistas e encontrar soluções inovadoras para problemas. A IA, por outro lado, geralmente precisa de dados de treinamento e algoritmos específicos para lidar com novas situações.

10. **Resolução de problemas complexos e abstratos:** os seres humanos são capazes de resolver problemas complexos e abstratos usando raciocínio lógico e pensamento crítico. A IA pode ser eficiente na resolução de problemas específicos, mas carece da capacidade de generalizar e aplicar soluções a problemas abstratos.

11. **Experiência sensorial e apreciação:** os seres humanos experimentam e apreciam o mundo através de seus sentidos, como degustar comida, sentir o toque e apreciar a beleza. A IA pode coletar e analisar informações sensoriais, mas não possui a capacidade de apreciação e experiência sensorial inerente aos seres humanos.

12. **Motivação intrínseca e paixão:** os seres humanos são movidos por paixões e interesses intrínsecos que os levam a buscar objetivos e realizar conquistas. A IA, por outro lado, é programada para executar tarefas.

Considerando a IA uma ferramenta para aumentar a qualidade de vida da humanidade, você já parou para refletir que as relações saudáveis entre as pessoas é o que realmente importa para a verdadeira felicidade?

No livro "The Blue Zones of Happiness", Dan Buettner (2017) apresenta estudos que fez em parceria com a National Geographic e uma equipe de cientistas, ao identificar as regiões do mundo onde as pessoas vivem mais tempo e reportam os mais altos níveis de bem-estar. Essas cinco áreas, conhecidas como "Zonas Azuis", foram identificadas através de uma combinação de dados demográficos, entrevistas e observações *in loco*:

1. **Ikaria, Grécia:** esta ilha grega é conhecida por suas taxas de longevidade excepcionais, particularmente a baixa incidência de doenças crônicas como doenças cardíacas e demência.

2. **Okinawa, Japão:** em Okinawa, muitos residentes vivem até os 100 anos ou mais. A dieta local rica em vegetais e soja, juntamente com um estilo de vida ativo e forte conexão social, são características notáveis.

3. **Sardenha, Itália:** particularmente na região montanhosa de Barbagia, na ilha da Sardenha, os homens atingem frequentemente a idade de 100 anos.

4. **Loma Linda, Califórnia, EUA:** esta comunidade de adventistas do sétimo dia tem uma expectativa de vida significativamente mais longa que a média dos EUA. Eles seguem uma dieta vegetariana estrita e mantêm um forte senso de comunidade.

5. **Península de Nicoya, Costa Rica:** as pessoas na península de Nicoya têm algumas das maiores taxas de longevidade do mundo. Elas mantêm um forte senso de propósito ou "plan de vida", mesmo na velhice.

Grande parte das descobertas de Buettner para uma vida feliz, listadas a seguir, tem ligação direta com os comportamentos que potencializa as habilidades humanas que não se perdem com a IA:

1. **Engajamento social:** as pessoas em zonas azuis mantêm fortes laços sociais e estão ativamente engajadas em suas comunidades, contribuindo para um senso de pertencimento e propósito.

2. **Estilo de vida ativo:** o movimento é integrado ao dia a dia nessas regiões, com atividades físicas naturais, como caminhar e jardinagem, sendo uma parte normal da vida cotidiana.

3. **Dieta saudável:** a alimentação é principalmente à base de plantas, com frutas, vegetais, grãos integrais, legumes e nozes compreendendo a maior parte da dieta.

4. **Redução do estresse:** as práticas de redução de estresse, como meditação, oração ou simplesmente passar um tempo em comunidade, são uma parte intrínseca do dia a dia nessas regiões.

5. **Sentido de propósito:** as pessoas em zonas azuis geralmente têm um forte senso de propósito em suas vidas, contribuindo para sua sensação geral de satisfação e felicidade.

6. **Moderado consumo de álcool:** nas zonas azuis, as pessoas tendem a beber álcool moderadamente e socialmente. O vinho tinto, em particular, é uma bebida comum.

7. **Fé e espiritualidade:** a maioria das pessoas que vivem nas zonas azuis pertence a alguma comunidade de fé. A espiritualidade e a participação regular em serviços religiosos são componentes comuns.

8. **Priorizar a família:** as pessoas nessas regiões tendem a colocar uma grande ênfase na família. Elas investem muito tempo e energia na criação dos filhos e cuidam dos idosos em casa ou próximos a ela.

9. **Hábitos de sono saudáveis:** o sono de qualidade é valorizado e cultivado em zonas azuis. As pessoas geralmente têm rotinas noturnas relaxantes e garantem que obtenham um sono adequado e restaurador.

10. **Ambientes e comunidades saudáveis:** as zonas azuis são geralmente caracterizadas por ambientes que naturalmente incentivam estilos de vida saudáveis. Isso pode incluir ter fácil acesso a alimentos frescos e saudáveis, áreas para atividades ao ar livre e uma forte rede de apoio social.

PARTE 02.

CASES DE IA PARA NEGÓCIOS

4.

O impacto do KCS na curadoria de um *chatbot*

ADRIANA ANTONIA TREULIEBB

Adriana é uma profissional dedicada e apaixonada por gestão do conhecimento e suporte técnico. No momento atua como Assessora de TI no Banco do Brasil, onde trabalha desde 2008. Com uma sólida formação acadêmica, Adriana possui um bacharelado em Sistemas de Informação e um MBA em Governança de TI.

Desde 2020 tem se destacado na área de Gestão do Conhecimento, sendo certificada em ITIL® V4 e *KCS Principles*. É *Product Manager* da equipe KCS, responsável pela adoção da metodologia KCS no Banco do Brasil, o que tem contribuído significativamente para a eficiência do suporte técnico e a gestão do conhecimento na instituição.

Além de suas conquistas profissionais, valoriza o trabalho em equipe e a troca de conhecimentos. Ela acredita que a tecnologia pode transformar a experiência do cliente e está sempre em busca de novas maneiras de inovar e agregar valor ao seu trabalho.

FABIANE CAMPOS VALE JERKE

É uma profissional altamente qualificada, com ampla experiência em transformação digital no setor bancário. Atualmente exerce a função de Gerente de Equipe de TI no Banco do Brasil, instituição na qual atua desde 2008. Desde 2013, integra o Departamento de Tecnologia e, em junho de 2022, assumiu o cargo atual de liderança.

Sua formação acadêmica inclui bacharelado em Administração de Sistemas de Informação e diversas especializações, como Gestão de Pessoas e Tecnologia da Informação com ênfase em *IBM Mainframe*. Adicionalmente, possui MBAs Executivos em Consultoria e Planejamento de Negócios, Gestão de Projetos e, mais recentemente, em Inteligência Artificial, *Big Data* e *Data Science*. Este último consolidou sua expertise em tecnologias emergentes, com foco na excelência do suporte técnico e na satisfação dos clientes. Fabiane lidera a governança da metodologia KCS (*Knowledge-Centered Service*), promovendo a disseminação e reutilização do conhecimento para aumentar a eficiência, a agilidade e a escalabilidade dos serviços.

Reconhecida pelo perfil colaborativo e pela liderança pautada em empatia e visão estratégica, acredita no potencial da tecnologia para aprimorar a experiência do cliente, sendo proativa na busca contínua por inovação e geração de valor nas suas funções.

O Banco do Brasil, por meio da Gerência de Serviços e Experiência do Cliente (GESEC), buscou soluções para promover o protagonismo do conhecimento nos processos de atendimento e suporte técnico. Apesar das diversas iniciativas já implementadas, enfrentávamos desafios persistentes, como aumentar a satisfação dos clientes com o suporte técnico e proporcionar uma melhor experiência aos usuários.

Identificamos alguns pontos problemáticos no processo de atendimento, como demora no atendimento e entrega de soluções que não resolviam o problema do cliente. Portanto, o processo precisava ser aprimorado.

Em outubro de 2021, iniciamos a busca por metodologias e ferramentas com o objetivo de solucionar os problemas enfrentados. Dentre as propostas recebidas, a HDI Brasil apresentou uma metodologia com o propósito de aumentar a qualidade dos serviços, aprimorar a eficácia e garantir a satisfação dos clientes e colaboradores. A metodologia em questão é denominada KCS (*Knowledge-Centered Service*), ou Serviço Centrado no Conhecimento, uma abordagem ágil para gestão do conhecimento. Seu lema "compartilhe mais, aprenda mais" reflete a estratégia inteligente de compartilhar e reutilizar o conhecimento da equipe, tornando os serviços mais eficientes, rápidos e escaláveis. O conhecimento passa a ser o principal ativo da empresa.

Culturalmente, a organização deve compreender que o objetivo do KCS é documentar o conhecimento para cada cliente ou usuário. O uso da base de conhecimento deve se tornar uma prática constante para todos os "trabalhadores do conhecimento", desde a alta administração até o nível operacional.

O KCS é um conjunto de melhores práticas destinado a integrar o uso, a validação, o aprimoramento e a criação de conhecimento no fluxo de trabalho.

A metodologia prevê um processo contínuo de melhoria com base na experiência daqueles que executam o trabalho e nos padrões que emergem da reutilização do conhecimento. Seus objetivos incluem:

- Criar conteúdo como um subproduto da resolução de problemas.
- Evoluir o conteúdo com base na demanda e no uso.
- Desenvolver uma base de conhecimento com experiência coletiva.
- Recompensar a aprendizagem, a colaboração, o compartilhamento e o aprimoramento.

4.1. Benefícios esperados da metodologia

Ao adotar o KCS, o Banco do Brasil transformou significativamente seu ambiente de atendimento ao cliente. Esse processo de melhoria contínua visou resolver problemas mais rapidamente e criar um ciclo virtuoso de aprendizagem e desenvolvimento contínuo. A integração dessa metodologia ágil foi essencial para garantir que o conhecimento adquirido em cada interação fosse capturado, validado e reutilizado, criando uma base de conhecimento robusta e acessível.

A implementação do KCS exigiu uma mudança cultural significativa, e todos os envolvidos precisavam estar comprometidos com a documentação e o compartilhamento do conhecimento. A metodologia promoveu uma abordagem colaborativa, em que a aprendizagem foi contínua e o conhecimento foi constantemente atualizado com base nas experiências dos colaboradores e nas demandas dos clientes. Esse ciclo de *feedback* não apenas melhorou a qualidade das soluções oferecidas, mas também capacitou os trabalhadores do conhecimento, reforçando a importância de sua contribuição para o sucesso da organização.

Com a adoção do KCS, obteve-se uma série de benefícios tangíveis e intangíveis que foram além da simples resolução de problemas técnicos. A metodologia proporcionou uma melhoria substancial nos processos de atendimento, resultando em maior confiança por parte dos clientes e em uma resposta mais rápida e precisa por parte dos analistas. Além disso, os colaboradores ganharam reconhecimento e se sentiram mais capacitados, o que contribuiu para um ambiente de trabalho mais motivador e produtivo.

Benefícios para os clientes:

- Maior confiança no suporte técnico
- Melhoria na resposta (velocidade, precisão, consistência)

Benefícios para os analistas (especialmente os analistas do conhecimento):

- Capacitação e reconhecimento pessoal
- Aumento da confiança
- Desenvolvimento de expertise

Benefícios para o Banco do Brasil:

- Aumento da eficiência
- Evolução dos recursos e *expertise*
- Maior índice de relevância e fidelidade dos clientes

4.2. Fases da adoção do KCS

Para implementar o KCS na GESEC da Diretoria de Tecnologia do Banco do Brasil, dividimos o projeto em quatro fases:

I. Grau de maturidade

II. Desenho dos fundamentos

III. Programa de adoção ao KCS

IV. Evolução

4.2.1. Dados relevantes da Fase I

Entrevistas

Para avaliarmos o **grau de maturidade** em relação ao KCS, o primeiro passo foi realizar entrevistas com alguns intervenientes do processo de atendimento e gestão de incidentes. Em outubro de 2022, trinta pessoas foram entrevistadas. Participaram funcionários de atendimento das centrais de serviços (GESEC), SAC e Central de Relacionamento, analistas de suporte técnico das gerências de segundo e terceiro nível, especialistas, líderes, gerentes e supervisores das centrais de serviços e qualidade, *customer experience*, clientes e diretores.

Com base nas entrevistas realizadas, apresentamos os resultados compilados, demonstrando-os no processo de *assessment*, tanto para os padrões individuais quanto para a composição geral do atual nível de maturidade do Centro de Serviços do Banco do Brasil.

Certificação de funcionários

Nesse período, colaboradores participaram dos cursos com certificação contratados junto à HDI Brasil.

A certificação de funcionários foi um aspecto essencial desta fase. Os colaboradores foram treinados e submetidos a exames rigorosos para garantir que todos estavam plenamente preparados para aplicar a metodologia KCS no seu trabalho diário. O treinamento incluiu também estratégias de comunicação eficaz, colaboração em equipe e resolução de problemas.

O curso *KCS Foundation* teve 13 vagas destinadas aos analistas do conhecimento de atendimento das Centrais de Serviços (GESEC), SAC e Central de Relacionamento do Banco do Brasil e aos analistas de suporte técnico das gerências de segundo e terceiro nível. Já o curso *KCS Principles*, com nove vagas, foi direcionado para gestores e implementadores da metodologia, também envolvendo funcionários dessas mesmas equipes.

4.2.2. Dados relevantes da Fase II

A Fase II foi dedicada ao **desenho dos fundamentos**, que incluiu trabalho na melhoria dos processos, adequação à metodologia e avaliação das ferramentas necessárias para gestão do conhecimento, atendimento e incidentes.

Nesta etapa, foram elaborados vários documentos referentes às definições necessárias para a implementação da metodologia KCS:

- Plano de Arquivamento de Artigos Antigos e Plano de Migração de Dados Legados
- *Book* de Indicadores
- Política dos Componentes Básicos do Artigo de Conhecimento
- Processo de Amostragem do Conhecimento
- Plano de Licenciamento
- Guia de Estilo
- Guia de Referência Rápida
- Plano de Avaliação de Desempenho
- Requisitos Funcionais da Tecnologia
- Fluxo do Processo de Gestão do Conhecimento
- *Checklist* de Padrão de Conteúdo (CPC)
- Papéis e Responsabilidades
- Diagrama de Estados do Artigo de Conhecimento
- Padrão de Estrutura de Artigos de Conhecimento
- FAQ – KCS
- Instrução Normativa para Gestão do Conhecimento de TI

Nesta fase, foram desenvolvidos:

- Portal Compartilha.aí, que centraliza as informações de gestão do conhecimento.
- Parametrização e homologação do Produto Mínimo Viável (MVP) do módulo de Gestão do Conhecimento no *Service Now*.
- Integração das bases de conhecimento definidas com os processos "Incidentes" e "Problemas" no *Service Now*.

4.2.3. Dados relevantes da Fase III

Implantação em ondas

Na Fase III, planejou-se a **adoção do KCS**, que ocorreu em ondas, começando com uma equipe ou domínio piloto. Este processo foi avaliado e expandido até que todo o suporte técnico estivesse utilizando o KCS.

O programa de adoção do KCS incluiu ações de aculturamento com o objetivo de formar instrutores para ministrar *workshops* (*on-line* e presenciais) para analistas e líderes, definir metas e métricas para a implantação de OKRs, e acompanhar o Plano de Licenciamento com a evolução dos analistas para o próximo nível KCS.

Durante esse processo, observou-se uma falta de engajamento inicial por parte de alguns analistas e líderes, devido à utilização separada das ferramentas de suporte e de consulta e criação de conhecimento. O problema foi solucionado com a integração do Portal Compartilha.aí, onde o conhecimento é criado, com as demais ferramentas e soluções adotadas pelo Suporte de TI do Banco do Brasil, sejam elas desenvolvidas em *low-code* no Faz.aí e/ou com o ITSM da *Service Now*.

Treinamentos elaborados

Cursos autoinstrucionais de iniciação ao KCS:

- Introdução ao KCS
- *Loop* de Solução
- *Loop* de Evolução

Curso desenvolvido em parceria com a Alura – KCS:

- Implementando o serviço centrado no conhecimento

Workshops e cursos autoinstrucionais por nível de conhecimento – Trilhas KCS:

- Candidato
- Líderes
- Colaborador
- Editor
- Treinador
- Especialista
- Evento Compartilha.aí – evento híbrido voltado à apresentação da metodologia e à divulgação do portal, das trilhas e dos *workshops*.

Através das trilhas KCS, os participantes têm a oportunidade de evoluir de candidatos a especialistas, capacitando-se em diferentes níveis de conhecimento e habilidades práticas. Esses cursos abrangem desde os fundamentos do KCS até as práticas avançadas de liderança e treinamento, permitindo uma implementação eficaz do serviço centrado no conhecimento.

Os colaboradores têm acesso a *workshops* práticos, nos quais podem aplicar os conceitos aprendidos em cenários reais e desenvolver habilidades que são imediatamente transferíveis para o ambiente de trabalho. Além disso, os cursos autoinstrucionais permitem que os participantes progridam no seu próprio ritmo, garantindo uma aprendizagem personalizada e eficaz.

4.2.4. Dados relevantes da Fase IV

Evolução

Esta fase provavelmente nunca será finalizada, pois sempre haverá algo a evoluir. Estamos continuamente em movimento e buscando novos desafios para contribuir com a gestão do conhecimento para o Suporte de TI.

A evolução contínua foi uma característica marcante desta fase, que refletiu o compromisso da equipe em aprimorar e adaptar constantemente as ferramentas de suporte e as estratégias de comunicação utilizadas.

4.3. IA generativa e gestão do conhecimento

O Banco do Brasil, por meio de sua Plataforma de Inteligência Artificial, desenvolveu o sistema **Genera BB**, que disponibiliza corporativamente uma série de ferramentas com foco em IA generativa para o público da TI. Esse sistema é voltado para o público de Tecnologia da Informação (TI).

Visando aprimorar a experiência dos funcionários e colaboradores do Banco do Brasil, foi desenvolvido o *chatbot* RoBB. Ele integra modelos LLM (*Large Language Model*) de referência no mercado com a infraestrutura de nuvem da Microsoft.

O *chatbot*, integrado com IA generativa, baseia-se em artigos de conhecimento elaborados utilizando a metodologia KCS. A ferramenta permite a geração de textos coerentes e contextualmente relevantes de maneira natural e precisa, a partir de uma extensa base de conhecimento. Adicionalmente, o *chatbot* é capaz de resumir trechos quando necessário e fornecer respostas como se fossem provenientes de agentes humanos.

Além disso, quando o *chatbot* gera conteúdo em resposta às dúvidas dos usuários, ele também exibe o artigo de referência utilizado para elaborar sua resposta.

Os assistentes desenvolvidos com inteligência artificial generativa fornecem suporte aos clientes internos utilizando linguagem natural e humana. Eles podem oferecer respostas rápidas e precisas via aplicativos de mensagens, aprimorando, assim, a experiência do cliente e elevando os níveis de satisfação.

O *chatbot* RoBB também está operando no *employee center* "Meu Suporte", integrado ao ITSM na plataforma *ServiceNow*.

4.4. Por que o KCS é importante nesse contexto?

A metodologia organiza o conteúdo em "Problema", "Ambiente" e "Solução", o que facilita a implementação da inteligência artificial (IA). Quando os usuários relatam seus problemas, já categorizados em uma área específica do artigo de conhecimento, o *chatbot* pode fornecer respostas mais precisas e adequadas ao usuário.

4.4.1. Estratégia da curadoria KCS para o *chatbot*

O processo KCS, em conjunto com o recurso de IA generativa no *chatbot*, pode proporcionar significativa economia de tempo e recursos que seriam dedicados à curadoria de um *chatbot* tradicional. Essa vantagem refere-se principalmente à diminuição do tempo e do esforço necessários para atualizar os fluxos de conversação de um *chatbot* convencional. Nesse contexto, uma das principais vantagens da nova implementação com IA generativa é sua capacidade de se atualizar automaticamente com base em novos dados, especificamente na base de conhecimento. Dessa forma, um artigo de conhecimento atualizado ou criado pelo processo KCS pode estar disponível aos usuários em questão de minutos.

Adotar KCS requer uma transformação na cultura organizacional para fomentar a colaboração e o compartilhamento de conhecimento. A cultura e os valores são refletidos nas métricas da organização. Utilizamos indicadores que ajudam a otimizar o uso e reúso do conhecimento, e com a gestão de *feedbacks* recebidos dos usuários referentes aos conhecimentos, mantemos nossos artigos atualizados. Isso reduz a necessidade de curadores dedicados exclusivamente aos artigos de autoatendimento, que serão usados no *chatbot.*

Indicadores estabelecidos para o KCS:

- **Participação:** mede a vinculação do conhecimento, seja novo ou reutilizado, na resolução de incidentes. Essa métrica avalia o grau de dependência do conhecimento para atender às demandas diárias.
- **Índice de qualidade:** média das avaliações da qualidade dos artigos em relação aos padrões de conteúdo estabelecidos.
- **Utilidade:** avalia o valor percebido dos artigos com base no *feedback* dos usuários, indicando se o conteúdo foi considerado útil ou não.

Em uma curadoria tradicional normalmente há uma equipe dedicada ao treinamento do *bot.* No entanto, com a aplicação de KCS e LLM, foi possível reduzir a necessidade de curadores dedicados, pois os artigos são constantemente curados pelos analistas de suporte. Esses analistas, utilizando a metodologia KCS, estão continuamente criando, utilizando e revisando os artigos de conhecimento que alimentam o *chatbot.* Nesse contexto, o ambiente corporativo adota o termo *assessment*, que, traduzido do inglês, significa avaliação. No entanto, nesse ambiente *assessment* passou a significar mais do que só uma avaliação, sendo sinônimo de gestão profissional, trazendo como principal benefício o autoconhecimento.

Objetivos que levaram à implementação do *chatbot*:

- Fornecer suporte eficiente e adaptado às necessidades individuais dos colaboradores.

- Reduzir o tempo de resposta às demandas dos usuários do suporte.
- Ampliar os canais tradicionais do suporte, como internet e telefone, para novos meios de comunicação.
- Melhorar continuamente as opções de autoatendimento.
- Garantir que as soluções de autoatendimento estejam sempre disponíveis, funcionando 24 horas por dia, sete dias por semana.
- Expandir a jornada digital dos usuários.

Visando reduzir o trabalho manual e otimizar aspectos do processo de gestão do conhecimento, foram implementadas automações utilizando modelos de linguagem pequenos (SLM - *Small Language Model*) baseados em arquiteturas abertas.

Os objetivos listados anteriormente foram fundamentais para guiar a implementação do *chatbot* e garantir que ele atendesse às necessidades dos usuários de forma eficiente e contínua. A metodologia KCS, aliada à IA generativa, não só aprimorou o processo de gestão do conhecimento como impulsionou a inovação na forma como o suporte é fornecido.

4.5. KCS e IA generativa – demais implementações

4.5.1. Qualidade do conteúdo

A verificação da qualidade dos artigos acontece em duas etapas. Após a publicação, a inteligência artificial verifica a conformidade dos artigos com o padrão de conteúdo estabelecido, identificando os aspectos que necessitam de melhorias. Em seguida, um relatório contendo a nota e os pontos de melhoria é enviado ao grupo responsável pelo conhecimento.

Outra verificação é realizada durante a criação ou edição de artigos, quando a inteligência artificial sugere aprimoramentos para a elaboração dos textos antes da publicação, visando garantir precisão, clareza e conformidade com os padrões estabelecidos.

4.5.2. Lacunas de conhecimento

A inteligência artificial (IA) consegue identificar áreas com deficiências em artigos de conhecimento e sugerir tópicos para novos conteúdos. Por exemplo, a IA pode detectar termos de busca inseridos por usuários que não retornam resultados relevantes.

A IA pode analisar registros de suporte para identificar padrões e temas recorrentes, comparando esses dados com a base de conhecimento existente para localizar assuntos não abordados ou tratados de forma insuficiente. A IA fornece relatórios detalhados sobre essas lacunas identificadas e propõe tópicos específicos que devem ser abordados.

4.5.3. Criando conhecimento

A IA elabora artigos técnicos com base em *tickets* de suporte resolvidos, proporcionando uma economia significativa de tempo para os analistas. Esse processo envolve a coleta de informações provenientes de registros concluídos e outros documentos pertinentes.

Um aspecto crucial do processo de criação de conhecimento é a colaboração entre a IA e os especialistas humanos. A IA pode gerar rascunhos iniciais de novos artigos com base em dados e informações existentes, e sugerir melhorias contínuas. Os especialistas revisam esses conteúdos e fornecem *insights* e ajustes que a IA pode aprender para futuras recomendações. Esse ciclo de colaboração garante que o conhecimento produzido seja preciso, relevante e atualizado. Além disso, a IA ajuda a identificar fontes confiáveis e a verificar a veracidade das informações, garantindo que o conteúdo final atenda aos padrões de qualidade e confiabilidade estabelecidos pela organização.

4.5.4. Hiperpersonalização

A hiperpersonalização é uma abordagem avançada que utiliza dados e IA para criar experiências altamente personalizadas para os usuários. No contexto da gestão do conhecimento, isso significa adaptar conteúdos e recomendações específicas para cada indivíduo. A IA analisa o comportamento e o histórico de interação dos usuários e propõe conteúdos relevantes e personalizados, levando em consideração suas necessidades e preferências únicas.

Tal personalização aprimora o aprendizado e o engajamento dos usuários, uma vez que estes recebem exatamente o que necessitam para resolver seus problemas ou expandir seu conhecimento. Aplicada corretamente, a hiperpersonalização pode transformar a maneira como as informações são consumidas e aplicadas.

O projeto está atualmente na fase de concepção. Após o desenvolvimento, o objetivo é integrar dados organizacionais com modelos de IA generativa. A ideia é criar conteúdos e informações para públicos específicos.

4.6. Conclusão

Com essas iniciativas, o Banco do Brasil demonstra que continua na vanguarda da gestão do conhecimento, utilizando a IA não apenas para automatizar processos e personalizar conteúdos, mas também para fomentar uma colaboração significativa entre humanos e máquinas. Esse equilíbrio entre a tecnologia avançada e a *expertise* humana garantirá que a empresa continue a inovar, oferecendo soluções eficientes e adaptadas às necessidades dos usuários, mantendo-se relevante e competitiva no mercado.

5.
Lê-AI: inteligência artificial a serviço da recuperação de ativos da Petrobras

BRUNO BORSATO

Bruno Borsato é Gerente de Inteligência de Dados e Inovação na Petrobras, liderando projetos que unem inteligência artificial, governança corporativa e compliance. Com mestrado em Informática, MBAs em gestão e certificações em ciência de dados, Bruno alia conhecimento técnico e visão estratégica para promover a transformação digital, otimizar processos e gerar valor no setor de energia.

5.1. Introdução

No vasto universo da Petrobras, onde cada documento pode esconder milhões em ativos, a leitura precisa e rápida é fundamental para o sucesso das operações. A Diretoria de Governança e Conformidade (DGC) enfrenta diariamente o desafio de decifrar documentos complexos e de difícil legibilidade. Foi nesse contexto que nasceu o Lê-AI, uma solução desenvolvida pela equipe de Inteligência de Dados e Inovação da DGC para transformar a maneira como a companhia lida com a recuperação de ativos.

A Petrobras é uma das maiores empresas de energia do mundo, com atuação integrada nos setores de exploração, produção, refino, comercialização e transporte de petróleo, gás natural e derivados. Com sede no Brasil e presença internacional, a companhia é reconhecida por sua *expertise* técnica, sua capacidade de investimento e seu compromisso com a inovação, a sustentabilidade e a governança.

Dentro da estrutura organizacional da Petrobras, a **Diretoria de Governança e Conformidade** tem como missão garantir a integridade dos processos e reforçar a cultura ética da companhia. Suas ações visam proteger a reputação institucional, prevenir irregularidades e promover a conformidade com normas internas e externas.

A Petrobras conduz iniciativas estratégicas para assegurar a recuperação de ativos e promover a responsabilização de contrapartes envolvidas em desvios. Entre essas iniciativas, destaca-se a atuação da equipe de Recuperação Estruturada de Ativos, cliente da solução Lê-AI, cuja missão envolve investigações complexas para mapear bens, recursos e relações patrimoniais.

Um dos principais produtos dessa equipe é o **Relatório de Análise Estratégica de Contrapartes**, que consolida informações sobre pessoas físicas ou jurídicas que devem valores à companhia. A elaboração desse relatório exige um trabalho minucioso de levantamento, análise e correlação de dados – entre eles, a localização e o exame de **matrículas imobiliárias**, dados fundamentais para identificar bens imóveis vinculados a contrapartes.

Essas matrículas, no entanto, apresentam um desafio recorrente: muitas estão em formato manuscrito, foram digitalizadas com baixa qualidade e contêm linguagem jurídica arcaica, dificultando a leitura, a interpretação e a extração de informações relevantes. A análise manual desses documentos é demorada, sujeita a erros e consome recursos valiosos da equipe técnica.

Diante desse cenário, foi desenvolvido o **Lê-AI**, um copiloto de leitura e interpretação de documentos baseado em inteligência artificial, projetado especificamente para lidar com matrículas imobiliárias. A ferramenta automatiza a leitura, destaca trechos relevantes e gera resumos estruturados, permitindo que os analistas foquem na tomada de decisão e não na decodificação textual.

O nome **Lê-AI** é uma junção simbólica entre o verbo "ler" e a sigla "AI" (*Artificial Intelligence*), refletindo a proposta da ferramenta: utilizar inteligência artificial para ler, interpretar e tornar acessível o conteúdo de documentos antigos e complexos.

Alinhado a um dos direcionadores estratégicos da DGC ("maximizar a eficiência dos processos do Sistema de Integridade, utilizando dados e capacidade analítica como insumos estratégicos para impulsionar a excelência operacional"), o Lê-AI surge como um exemplo concreto de como a inteligência artificial pode ser aplicada a atividades investigativas e de *compliance*.

Este capítulo apresenta a jornada do Lê-AI desde sua concepção até sua aplicação prática, evidenciando como a tecnologia foi empregada para resolver um problema real de negócio, com impacto direto nos resultados operacionais e no fortalecimento da governança corporativa.

5.2. Problema: a complexidade na geração de um relatório

A geração do **Relatório de Análise Estratégica de Contrapartes** é um processo investigativo conduzido pela área de Recuperação Estruturada de Ativos da Petrobras. Seu objetivo é identificar e documentar ativos que possam ser objeto de recuperação judicial ou extrajudicial a partir da análise de uma contraparte específica - seja uma empresa, um sócio-administrador ou qualquer envolvido em processos de responsabilização.

Esse relatório se apoia em várias etapas analíticas:

- **Identificação da contraparte:** determinar com precisão quem é o alvo da investigação.
- **Coleta de anotações financeiras:** compilar as informações disponíveis.
- **Construção de mapa de relacionamentos:** representar graficamente as ligações da contraparte com outras entidades ou indivíduos.
- **Localização de bens móveis e imóveis:** identificar patrimônios vinculados.
- **Levantamento de recebíveis de terceiros:** detectar valores devidos à contraparte.
- **Análise de contratos com a Petrobras:** verificar vínculos contratuais relevantes.

A etapa de **localização de bens**, em especial, exige a análise detalhada de **matrículas imobiliárias** - registros oficiais de propriedades que contêm descrições físicas dos imóveis, histórico de proprietários, averbações, ônus, cláusulas restritivas e outros dados jurídicos.

Esses documentos são essenciais para determinar se a contraparte possui bens que possam ser penhorados, bloqueados ou utilizados para cobrir prejuízos causados à companhia. No entanto, a forma como esses documentos chegam à equipe investigativa torna sua análise um gargalo crítico: são cópias digitalizadas, muitas vezes manuscritas, com caligrafia de difícil leitura, vocabulário técnico-jurídico e ausência de estruturação semântica.

A depender da complexidade do histórico de averbações, a leitura de uma única matrícula pode consumir horas de trabalho técnico especializado. Em processos que envolvem dezenas ou centenas de imóveis, o esforço acumulado compromete a agilidade e a eficiência da equipe, além de gerar riscos de interpretação equivocada ou perda de detalhes relevantes.

Foi para enfrentar esse problema específico (**a leitura/interpretação ágil, precisa e confiável de matrículas imobiliárias**) que o projeto Lê-AI foi concebido pela equipe de Inteligência de Dados e Inovação.

5.3. A solução Lê-AI: arquitetura e funcionamento

A criação da ferramenta Lê-AI nasceu de uma constatação prática: os documentos que sustentam a localização de bens de contrapartes – especialmente matrículas imobiliárias – são fontes riquíssimas de informação, mas apresentam desafios extremos de legibilidade e estruturação. A equipe de Recuperação Estruturada de Ativos da Petrobras lidava diariamente com arquivos escaneados de difícil leitura, repletos de termos jurídicos, caligrafia antiga, manchas e marcas de autenticação que comprometiam a extração precisa de dados. O processo era manual, repetitivo e sujeito a erros, com profissionais altamente qualificados dedicando horas à leitura e à interpretação de documentos de mais de cinquenta anos.

Foi nesse contexto que o Lê-AI foi concebido como uma ferramenta de apoio à análise documental. Sua proposta era clara: automatizar, com alta qualidade, a leitura e a interpretação dos textos contidos nas matrículas imobiliárias, para acelerar a etapa de localização de bens imóveis dentro do Relatório de Análise Estratégica de Contrapartes.

O projeto Lê-AI foi concebido e desenvolvido pela equipe especializada de **Inteligência de Dados e Inovação da DGC**. Composta por profissionais como cientistas de dados, engenheiros de *machine learning*, analistas de sistemas e especialistas em governança, essa equipe atua na aplicação de tecnologias avançadas para apoiar e aprimorar processos críticos da companhia.

Embora baseado em tecnologias sofisticadas, o Lê-AI foi projetado com simplicidade de uso em mente. Seu funcionamento pode ser compreendido a partir de três etapas principais: extração do texto (OCR – *Optical Character Recognition*), interpretação semântica com modelos de linguagem de última geração (LLMs – *Large Language Models*) e disponibilização de uma funcionalidade de *chat* para os usuários "conversarem" com o documento.

Por meio do uso combinado de OCR e modelos de linguagem, o Lê-AI é capaz de converter o texto em uma versão editável e compreensível, destacando automaticamente os trechos mais relevantes para a análise.

5.3.1. Reconhecimento Óptico de Caracteres (OCR)

O primeiro desafio a ser superado era técnico e fundamental: converter imagens escaneadas em texto editável. Para isso, o Lê-AI emprega um sistema de OCR (*Optical Character Recognition*, na sigla em inglês). No entanto, o diferencial do Lê-AI está na forma como ele prepara as imagens para esse processo.

A fase inicial envolve a aquisição de uma imagem digital do documento, seja por meio de escaneamento ou utilizando um arquivo digital existente (por exemplo, nos formatos JPEG, PNG, TIFF, PDF). Essa versatilidade de formatos garante ampla compatibilidade com várias fontes de documentos.

Antes de aplicar o OCR, a ferramenta realiza um conjunto de ajustes automáticos nas imagens, como correção de rotação, remoção de ruídos visuais, ajuste de contraste e divisão de páginas em blocos mais legíveis. Esse pré-processamento melhora significativamente a acurácia do OCR, permitindo que mesmo documentos com baixa qualidade gráfica gerem resultados legíveis e coerentes.

Em seguida, o algoritmo de OCR é utilizado para processar a imagem digitalizada do documento e gerar uma transcrição inicial e não refinada. O processo geralmente envolve a segmentação do layout para identificar regiões de texto, seguida pelo reconhecimento de caracteres usando modelos de aprendizado profundo – por exemplo, CNNs (*Convolutional Neural Networks*,

Redes Neurais Convolucionais) e RNNs (*Recurrent Neural Networks*, Redes Neurais Recorrentes) – treinados para diversas fontes e idiomas, incluindo escrita manual. Análises contextuais também podem ser aplicadas para melhorar o reconhecimento de palavras e frases. O texto bruto resultante serve como entrada para o refinamento subsequente pelos modelos de linguagem.

5.3.2. Interpretação por modelos de linguagem (LLMs)

A etapa seguinte – e talvez a mais inovadora – é o uso de modelos de linguagem para interpretar os textos extraídos. É aqui que o Lê-AI vai além de simplesmente "ler" o documento. Ele passa a compreender o conteúdo.

A inovação central está na etapa de refinamento de texto, onde um modelo de linguagem (LLM - *Large Language Model*) aprimora a saída bruta do OCR utilizando seu conhecimento linguístico preexistente. A arquitetura do Lê-AI foi pensada para permitir que esses modelos operem em modo *zero-shot*, ou seja, sem necessidade de reprogramação ou reclassificação a cada novo documento. Isso permite que a ferramenta seja altamente adaptável e escalável, lidando com diferentes formatos e redações, algo comum em matrículas de diferentes cartórios e épocas.

Modelos de linguagem generativos, como os da família GPT, são aplicados diretamente sobre o texto resultante do OCR para identificar informações relevantes, como:

- Nomes de proprietários e suas relações.
- Localização e descrição de imóveis.
- Datas e valores de transações.
- Averbamentos e alterações posteriores.
- Indícios de vínculos com as contrapartes analisadas.

Essa atividade depende da engenharia de *prompts* – construção de instruções cuidadosamente formuladas para guiar o LLM. Um *prompt* típico fornece o texto bruto do OCR juntamente com diretrizes precisas para alcançar objetivos específicos, como "corrija quaisquer erros ortográficos ou gramaticais no texto a seguir, garantindo equivalência semântica ao original. Forneça apenas o texto corrigido" ou "refine a transcrição do OCR fornecida para garantir precisão e coerência. Mantenha a linguagem original do documento".

Ao receber o *prompt* e o texto bruto, o LLM, primeiro, realiza uma análise semântica para compreender o significado contextual e identificar possíveis erros ou ambiguidades com base apenas no texto de entrada. Guiado pelas diretrizes do *prompt* e sua compreensão semântica, o LLM então realiza o refinamento textual, corrigindo erros ortográficos e gramaticais, resolvendo ambiguidades e reconstruindo o texto quando necessário para otimizar a precisão e a legibilidade.

Além disso, ele melhora a coesão e a coerência geral ajustando a redação e harmonizando o estilo, preservando criticamente o jargão técnico e a terminologia específica do domínio para manter a integridade do conteúdo. O resultado é um texto refinado que visa melhorar a precisão, a legibilidade e a fidelidade semântica em comparação com a saída original do OCR.

5.3.3. Geração de resumos e funcionalidade de *chat*

Após a leitura e a compreensão do conteúdo, o Lê-AI organiza automaticamente os achados em uma estrutura clara. Ele gera resumos objetivos com os principais dados localizados e os apresenta em linguagem natural, pronta para revisão humana.

Por exemplo, a ferramenta pode identificar e destacar a seguinte informação:

"Consta na matrícula nº XXXXX, do Cartório de Registro de Imóveis de São Paulo, que o imóvel localizado na Rua X, nº Y, foi transmitido por herança para Fulano de Tal, identificado como possível sócio da contraparte Z".

Uma última funcionalidade do Lê-AI que merece destaque é o seu **módulo de *chat* interativo**. Após a transcrição e estruturação do conteúdo, o sistema permite que o usuário faça perguntas diretamente ao documento, em linguagem natural, como se estivesse "conversando" com ele. Isso simplifica a busca por informações específicas e acelera significativamente o processo de análise.

5.4. Do labor manual à análise inteligente: a implantação do Lê-AI

A transição do processo manual para o uso do Lê-AI não se deu apenas como substituição de uma ferramenta por outra – ela representou uma mudança significativa na forma como a equipe de Recuperação Estruturada de Ativos da Petrobras interage com a informação. A leitura de matrículas imobiliárias, antes um trabalho intensivo, fragmentado e altamente dependente da *expertise* individual, passou a ser conduzida com o apoio de uma ferramenta que entrega, em minutos, o que antes exigia horas ou até dias de dedicação.

5.4.1. Integração ao fluxo de trabalho

Desde sua concepção, o Lê-AI foi desenvolvido com o objetivo de se adaptar ao fluxo de trabalho já existente da equipe. Em vez de substituir o julgamento analítico dos profissionais, a ferramenta atua como um copiloto, oferecendo rapidamente os elementos-chave de cada matrícula imobiliária e permitindo que o analista se concentre na interpretação estratégica.

O fluxo típico passou a obedecer à seguinte lógica:

1. **Recebimento das matrículas digitalizadas**, geralmente em PDF ou imagem escaneada.
2. **Processamento automatizado pelo Lê-AI**, que realiza o OCR, interpreta os textos e gera um resumo com os achados.
3. **Validação humana** do conteúdo, com foco nos trechos destacados como relevantes.
4. **Incorporação dos achados** ao Relatório de Análise Estratégica de Contrapartes.

Com essa dinâmica, o tempo dedicado à leitura de cada matrícula foi drasticamente reduzido, liberando os profissionais para atividades de maior valor agregado, como cruzamento de dados, análise de vínculos societários e definição de estratégias jurídicas.

5.4.2. Aumento de produtividade

Os primeiros testes da ferramenta mostraram resultados promissores. Em análises-piloto, o tempo médio para leitura de uma matrícula foi reduzido de cerca de duas horas para menos de dez minutos, incluindo o tempo de revisão do material extraído pelo Lê-AI.

Além disso, a capacidade de processar matrículas em lote permitiu que investigações que antes se estendiam por semanas fossem concluídas em poucos dias. Em alguns casos, o número de documentos analisados em uma única investigação mais do que triplicou, ampliando a profundidade das análises sem aumento proporcional de esforço humano.

5.4.3. Redução de riscos operacionais

A automação também contribuiu para a padronização da extração de dados e para a redução de falhas humanas. Termos técnicos que poderiam passar despercebidos ou ser mal interpretados por um leitor não especializado passaram a ser identificados com maior regularidade pelo Lê-AI, que aprendeu a reconhecer padrões de linguagem jurídica presentes nas matrículas.

Ao destacar elementos como cláusulas restritivas de venda, usufrutos, hipotecas ou transferências suspeitas, a ferramenta trouxe mais segurança ao processo de identificação de bens que poderiam ser utilizados em ações de recuperação.

5.4.4. Validação com a equipe técnica

Desde o início, o desenvolvimento do Lê-AI contou com a participação ativa de analistas da equipe de Recuperação Estruturada de Ativos, que colaboraram com testes, *feedbacks* e ajustes contínuos. Esse envolvimento garantiu que a ferramenta fosse moldada às reais necessidades dos usuários finais e evitou o risco de que se tornasse apenas mais uma solução tecnológica dissociada da prática cotidiana.

Os relatórios gerados pela ferramenta foram submetidos à revisão por especialistas, que, além de validar a acurácia, ajudaram a calibrar o modelo para priorizar determinados tipos de informações, como os nomes de antigos proprietários, dados de averbações e datas de transações.

5.5. Resultados e impactos: medindo a transformação com o Lê-AI

A implantação do Lê-AI marcou uma virada significativa no processo de geração dos Relatórios de Análise Estratégica de Contrapartes. Mais do que uma ferramenta de automação, o Lê-AI tornou-se um instrumento de inteligência aplicada à investigação patrimonial, com reflexos diretos sobre a eficiência operacional, a qualidade das análises e a velocidade de resposta da Petrobras frente a situações críticas de recuperação de ativos.

5.5.1. Redução de tempo: um marco operacional

O principal impacto mensurável da adoção do Lê-AI foi a redução drástica no tempo necessário para análise de matrículas imobiliárias. Em média, o tempo de leitura e interpretação caiu **90%** em comparação com o processo tradicional.

Antes da adoção da ferramenta, a análise de uma matrícula usual, especialmente em formato manuscrito, podia levar **entre 1 e 3 horas**, dependendo da complexidade do conteúdo. Com o Lê-AI, esse tempo foi reduzido para cerca de **10 a 15 minutos**, incluindo o tempo de revisão humana.

Essa economia permitiu que a equipe ampliasse o número de documentos analisados por caso, elevando a profundidade e a abrangência dos relatórios elaborados. Investigações que antes eram limitadas a amostras menores de documentos puderam ser ampliadas com maior robustez e agilidade.

5.5.2. Ganhos em precisão e consistência

Outro resultado notável foi a melhoria na **qualidade e consistência da análise textual**. Antes do Lê-AI, a identificação de elementos jurídicos relevantes (como cláusulas de usufruto, transmissões por herança, penhoras ou averbações específicas) dependia fortemente do conhecimento e da atenção individual do analista.

Com o uso do modelo de linguagem natural, foi possível reconhecer padrões linguísticos e destacar automaticamente esses elementos, minimizando o risco de omissões. A padronização da extração e a geração de resumos aumentaram a confiabilidade dos relatórios e facilitaram auditorias internas e revisões por pares.

5.5.3. Expansão de uso e interesse corporativo

Embora o Lê-AI tenha sido desenvolvido para atender à equipe de Recuperação Estruturada de Ativos, sua efetividade chamou atenção de outras áreas da Petrobras. Por meio do portal interno da companhia, a ferramenta foi disponibilizada para toda a Diretoria de Governança e Conformidade, permitindo que outros setores com demandas semelhantes, como *Compliance* e Corregedoria, também se beneficiassem da tecnologia.

O uso espontâneo por outras áreas reforçou o caráter transversal da solução e demonstrou sua flexibilidade para ser aplicada em contextos documentais diversos, ampliando seu valor estratégico.

5.5.4. Reconhecimento institucional e externo

A iniciativa foi reconhecida como um exemplo de inovação aplicada à governança corporativa. O projeto foi o vencedor da premiação **Destaques DGC 2024**, um reconhecimento que celebra as melhores práticas e inovações dentro da Diretoria de Governança e Conformidade.

O projeto também obteve **ampla repercussão em veículos especializados e de grande circulação**, como *Exame*, Época Negócios, *G1* e *Valor Econômico*, sendo reconhecido como uma das principais inovações da Petrobras no uso de IA aplicada à governança corporativa.

Por fim, o método utilizado no Lê-AI foi oficialmente registrado no **Instituto Nacional da Propriedade Industrial (INPI)**, consolidando sua **originalidade e ineditismo**. A abordagem adotada, que consiste na combinação sequencial de OCR com modelos de linguagem (LLMs) para aprimoramento semântico de textos, configura uma inovação técnica relevante no contexto da administração pública.

5.5.5. Resultados estratégicos

Os impactos do Lê-AI vão além da produtividade operacional. A ferramenta se mostrou determinante para:

- **acelerar ações judiciais de recuperação**, ao antecipar a consolidação de provas documentais;
- **viabilizar bloqueios de bens em tempo hábil** com base em dados extraídos de forma precisa e tempestiva;
- **fortalecer a postura ativa da companhia na responsabilização de contrapartes**, reforçando sua reputação institucional.

Esses desdobramentos mostram que a automação de uma etapa antes considerada meramente burocrática pode gerar valor estratégico tangível, especialmente quando está alinhada a objetivos maiores de governança e proteção do patrimônio público.

5.6. Lições aprendidas e desafios superados

Como todo projeto de inovação em uma grande organização, o desenvolvimento e a implantação do Lê-AI não foram lineares. A solução final que hoje beneficia diversas equipes da Petrobras é resultado de um processo iterativo, construído com base em testes, falhas, ajustes e aprendizado contínuo. Esse caminho gerou lições valiosas – tanto técnicas quanto organizacionais – que reforçam a importância de abordagens colaborativas e centradas no problema.

5.6.1. A importância do entendimento do problema

Um dos principais fatores de sucesso do Lê-AI foi o foco constante no problema de negócio: **agilizar a leitura de matrículas imobiliárias para localizar bens de contrapartes em processos de recuperação de ativos.**

Esse objetivo guiou todas as decisões técnicas e de design. Evitou-se a tentação de criar uma solução excessivamente genérica ou orientada pela tecnologia em si. A clareza quanto ao uso esperado e às dificuldades enfrentadas pelos analistas (como a leitura de caligrafias antigas, a complexidade jurídica dos textos e a necessidade de identificar relações entre nomes e eventos) permitiu que o Lê-AI fosse altamente aderente às dores reais da área.

5.6.2. Superando os limites do OCR

Um dos maiores desafios enfrentados no início do projeto foi a baixa acurácia dos sistemas tradicionais de OCR quando aplicados a matrículas antigas, escaneadas em baixa resolução, com ruídos visuais e fontes manuscritas ou datilografadas.

Para mitigar esse problema, foi fundamental adotar um *pipeline* robusto de pré-processamento de imagens, com correção de rotação, contraste e segmentação. Além disso, a persistência na experimentação com diferentes configurações e fontes de OCR foi essencial para alcançar um nível de extração aceitável.

Essa etapa ensinou à equipe que, muitas vezes, o gargalo em soluções de IA está na preparação dos dados, e não no modelo em si.

5.6.3. Modelos de linguagem como interpretadores, não oráculos

Outro ponto crítico foi o uso de modelos de linguagem (LLMs). Embora extremamente poderosos, eles não são infalíveis. É preciso calibrar expectativas e projetar o sistema de modo que o LLM **complemente o trabalho humano sem substituí-lo.**

O Lê-AI foi estruturado para gerar resumos, destacar trechos e sugerir interpretações, mas sempre com espaço para revisão por analistas experientes. Isso garantiu que a solução fosse não apenas útil, mas também confiável. O conceito de "copiloto cognitivo" foi fundamental para a aceitação da ferramenta dentro da empresa.

5.6.4. Governança e segurança da informação

Outro fator essencial para a consolidação do Lê-AI foi a **parceria com a equipe de TIC Corporativa**, responsável por disponibilizar e manter, de forma segura, os modelos de linguagem utilizados na solução. Essa colaboração garantiu a escalabilidade e a integração da ferramenta aos sistemas internos da companhia.

A manipulação de documentos sensíveis exigiu cuidados especiais com a segurança da informação. Todo o desenvolvimento foi feito em ambiente controlado, com atenção a questões como armazenamento temporário e rastreabilidade de acessos.

Esse ponto reforça que a aplicação de IA em ambientes corporativos não pode negligenciar os pilares de governança, conformidade e responsabilidade legal.

5.6.5. Cocriação e iteração com os usuários

A colaboração contínua com os analistas da equipe de Recuperação de Ativos foi talvez o maior diferencial do projeto. Reuniões periódicas, testes com documentos reais, coleta de *feedbacks* e ajustes com base em casos concretos criaram uma solução verdadeiramente orientada ao usuário.

A experiência mostrou que **a inovação acontece na interseção entre tecnologia e negócio** – e que envolver o usuário final desde o início é condição para o sucesso de qualquer iniciativa baseada em IA.

5.7. Conclusão: o Lê-AI e o futuro da inteligência aplicada à recuperação de ativos

O Lê-AI é um exemplo concreto de como a inteligência artificial pode ser aplicada à resolução de problemas reais de negócio. Em um contexto crítico como o da recuperação de ativos públicos, onde cada informação pode significar milhões de reais resgatados, a agilidade e a precisão passaram a ser aliadas indispensáveis.

5.7.1. De ferramenta operacional a ativo estratégico

Ao transformar a leitura de matrículas imobiliárias – tradicionalmente uma tarefa morosa e altamente dependente de *expertise* individual – em uma atividade estruturada, ágil e auditável, o Lê-AI elevou o patamar de atuação da equipe de Recuperação Estruturada de Ativos.

A automação permitiu à equipe ampliar seu raio de ação, atuar com mais profundidade nas investigações e responder com maior velocidade a demandas internas e externas. O conhecimento que antes se diluía em arquivos e anotações agora se materializa em relatórios mais consistentes, replicáveis e confiáveis.

5.7.2. O valor da IA para a governança pública

O projeto também lança luz sobre o papel crescente da inteligência artificial na promoção da governança e da integridade em empresas estatais. Ao empregar IA para acelerar investigações patrimoniais, a Petrobras envia um recado claro: tecnologia e transparência caminham juntas.

Mais do que evitar prejuízos, iniciativas como o Lê-AI ajudam a restituir ativos, reforçar a confiança da sociedade e posicionar a empresa como referência em inovação voltada ao interesse público.

5.7.3. Caminhos para o futuro

O Lê-AI está em constante evolução. As próximas etapas do projeto incluem aprimorar os modelos de linguagem e expandir o uso da ferramenta para outras áreas, aumentando seu impacto institucional. Além disso, serão realizadas otimizações técnicas para reduzir o tempo de processamento e melhorar a experiência do usuário. A ferramenta também contará com a funcionalidade de *prompts* personalizados para facilitar consultas repetitivas, tornando o processo ainda mais eficiente.

Como forma de democratizar o conhecimento produzido e contribuir com o avanço científico na área de inteligência artificial aplicada à governança, a equipe responsável pelo Lê-AI pretende submeter trabalhos a publicações e simpósios científicos nacionais e internacionais. Essa iniciativa reforça o compromisso da Petrobras com a inovação aberta e a produção de conhecimento de interesse público.

Além disso, há um movimento crescente de compartilhamento de aprendizados com outras empresas públicas e instituições que enfrentam desafios semelhantes. O Lê-AI pode servir como inspiração – ou mesmo como base tecnológica – para soluções de interesse coletivo.

Como um desdobramento natural do Lê-AI, a equipe de Inteligência de Dados e Inovação iniciou o desenvolvimento de uma **solução similar para a transcrição e análise de áudios**, ampliando o escopo de atuação da IA para além de documentos escritos. Isso abre novos caminhos para a automatização de análises em contextos como reuniões, depoimentos e interações registradas.

5.8. Considerações finais

A história do Lê-AI demonstra que a aplicação bem-sucedida de inteligência artificial não exige, necessariamente, tecnologia de ponta ou investimentos milionários. Ela requer, antes de tudo, **um bom problema, uma equipe comprometida e um processo colaborativo de construção.**

Ao unir a experiência dos analistas da Petrobras, a robustez das técnicas de OCR e a versatilidade dos modelos de linguagem natural, o projeto conseguiu criar uma ferramenta que resolve um problema real, com impactos tangíveis e mensuráveis.

O Lê-AI é fruto da atuação conjunta da equipe de Inteligência de Dados e Inovação da DGC e das áreas operacionais, com apoio da TIC Corporativa, unindo capacidade técnica, visão estratégica e cultura colaborativa. O projeto inaugurou uma nova forma de aplicar IA a desafios de governança, criando um modelo replicável dentro e fora da companhia.

Mais do que um *case* de sucesso, o Lê-AI é um lembrete poderoso de que, **quando a IA é aplicada com propósito, ética e clareza de objetivos, ela deixa de ser apenas uma promessa tecnológica e se transforma em valor concreto** – para a organização, para a sociedade e para o futuro da gestão pública no Brasil.

6.
Case Itaú Unibanco: o que aprendemos ao ensinar a IA a pensar estratégia?

RONALDO MENEZES

Nascido em São Paulo, Ronaldo Menezes tem 39 anos, é filho da Carmélia e do Moacir, irmão da Rosângela, casado com a Marcella e pai da Luna e do Pedro. Sua trajetória, construída com base em valores sólidos e origem humilde, reflete sua crença de que "todo ser humano é uma nova oportunidade de aprendizado".

Especialista em estratégia, agilidade e OKRs, Ronaldo tem se destacado por integrar inteligência artificial e desenvolvimento organizacional de forma prática, ética e acessível. É fundador da Learn, consultoria que aplica IA generativa e automações inteligentes para acelerar resultados em pequenas e médias empresas.

Atua também como especialista em gestão de portfólio, OKRs e IA no Itaú Unibanco, a maior instituição financeira da América Latina, liderando frentes estratégicas com foco em impacto mensurável, clareza, produtividade e colaboração.

Com passagens por grandes empresas como TIVIT e Vivo, Ronaldo também é palestrante em eventos de destaque nacional e internacional, mentor de líderes e um entusiasta do uso consciente da tecnologia. Grande comunicador conhecido por sua didática simples e direta, acredita que o conhecimento só faz sentido quando gera transformação real.

6.1. A instituição por trás da inovação

Com mais de um século de atuação e consolidado como o maior banco privado do Brasil, o Itaú Unibanco carrega em sua história a marca da reinvenção. Hoje, com mais de 70 milhões de clientes e liderança na América Latina em valor de mercado, o banco busca a consolidação da inteligência artificial como um alicerce estratégico para o futuro.

Atualmente, o Itaú opera com mais de 1.300 modelos de IA em sua estrutura, dos quais 400 são voltados exclusivamente à IA generativa. Esses modelos já transformam áreas críticas do negócio, como atendimento, concessão de crédito e análise de riscos. Mas seu impacto vai além dos processos automatizados: a inteligência artificial se tornou o motor silencioso da eficiência e da personalização em escala.

Foi nesse contexto que apareceu uma oportunidade estratégica: utilizar a IA não apenas como suporte técnico, mas como facilitadora da execução da estratégia. A escolha do território de atuação não foi aleatória – concentrou-se na governança de OKRs, uma frente com histórico de desafios recorrentes e alto potencial de transformação.

6.2. Diagnóstico: quando alinhar estratégia se torna um desafio

De acordo com o relatório anual *OKRs State of the Industry Report*, publicado pela OKR International (s.d.), 56% das empresas apontam que o principal motivo pelo qual seus ciclos de OKRs falham é o estabelecimento de metas de baixa qualidade – que se tornam, com o passar do tempo, confusas e desconectadas da estratégia organizacional. Esse dado ecoava com precisão a realidade das *squads* acompanhadas pelo Programa de OKRs e Estratégia que lidero atualmente e cujo propósito é justamente apoiar no uso de OKRs.

Análises que realizamos indicaram um descompasso entre a formulação dos objetivos e o comprometimento genuíno com sua realização. Em vez de promover foco e clareza, muitos OKRs funcionavam mais como obrigações formais do que como guias estratégicos para a ação.

Boa parte do tempo das equipes era consumida em discussões operacionais, concentradas na estrutura e formatação dos OKRs, e não na essência estratégica que eles deveriam carregar. Essa sobrecarga cognitiva impedia um mergulho mais profundo na análise de impacto, de riscos e de oportunidades.

Diante disso, enxergávamos na IA generativa uma alavanca concreta de mudança. Não como algo que iria substituir a inteligência humana, mas sim como algo que a ampliaria.

Esse direcionamento estava em sintonia com dados relevantes do relatório *Generative AI and the Future of Work in America*, publicado pela McKinsey (ELLINGRUD *et al.*, 2023), que aponta que cerca de 30% das horas de trabalho atuais poderão ser automatizadas até 2030. Além disso, estima-se que 20% do tempo dedicado hoje por gestores e profissionais de negócios a tarefas administrativas poderá ser redirecionado para atividades mais estratégicas e criativas. Foi daí que buscamos estruturar soluções que liberassem as *squads* da sobrecarga operacional e criassem espaço para decisões mais relevantes.

A IA generativa, nesse contexto, se apresentava como uma aliada capaz de analisar coerência nos OKRs, verificar seu alinhamento com os pilares estratégicos e sugerir aprimoramentos com base em boas práticas consolidadas. Nossa intenção era também fomentar uma nova dinâmica de colaboração: em vez de substituir as pessoas, a tecnologia assumiria atividades repetitivas para que os humanos pudessem exercer com mais protagonismo seu papel intelectual e estratégico. A IA, nesse modelo, amplia a capacidade de análise e tomada de decisão das equipes.

Olhando adiante, nossa visão de futuro incluía agentes cada vez mais adaptativos, capazes de interpretar o contexto de mercado, indicadores internos e variáveis financeiras, oferecendo *insights* e revisões de forma proativa. A estratégia, então, deixaria de ser um ritual trimestral para se tornar um processo contínuo, vivo e responsivo ao ambiente em constante transformação.

6.3. Início da jornada: avaliando nossos OKRs com a Estrategista

Toda jornada de evolução começa com um bom diagnóstico. E foi exatamente com esse propósito que nasceu a **Estrategista** – um agente de **inteligência artificial conversacional** que desenvolvemos como ponto de partida na aplicação da IA generativa à governança de OKRs. A pergunta inicial era simples, mas poderosa: "onde estamos agora?" Para respondê-la, era necessário avaliar, com objetividade e consistência, os OKRs que já estavam em uso pelas *squads* a que atendemos.

A Estrategista foi pensada como uma aliada inteligente, capaz de analisar os OKRs definidos pelas equipes com base em critérios claros, estruturados e explicativos. Seu funcionamento simula uma conversa orientada, na qual o agente oferece devolutivas que combinam análise técnica com sugestões práticas. Em outras palavras, ela atua como uma espécie mentora digital, sempre disponível para apontar com precisão onde há oportunidades de melhoria, sem deixar de reconhecer os acertos.

A avaliação realizada pela Estrategista considera quatro critérios principais:

- Clareza
- Alinhamento estratégico
- Mensurabilidade
- Relevância estratégica (impacto)

Cada um desses critérios recebe uma **pontuação de 1 a 5**, com base na qualidade do OKR avaliado. Para que não houvesse dúvidas quanto ao significado dessa escala, padronizamos os critérios da seguinte forma:

- **1** – Abaixo do esperado
- **2** – Precisa de melhorias significativas
- **3** – Adequado, mas com oportunidades de aprimoramento

- 4 – Bom nível, com pequenos ajustes possíveis
- 5 – Excelente, completamente alinhado com boas práticas

Essa escala objetiva permitiu que as *squads* entendessem, com clareza, não apenas o que precisava ser melhorado, mas também em qual aspecto específico havia mais espaço para evolução. A seguir, explico brevemente como cada critério funciona:

- **Clareza:** o agente analisa se os objetivos e resultados-chave estão escritos de forma direta, sem ambiguidades ou múltiplos focos. Quando identifica confusão, sugere reformulações que tornam a intenção do OKR mais evidente, como separar focos distintos ou ajustar a linguagem.
- **Alinhamento estratégico:** verifica se o OKR está conectado aos pilares estratégicos da área e aos direcionadores da *release* vigente. A Estrategista aponta se há coerência entre o que a *squad* pretende entregar e o que se espera como resultado estratégico.
- **Mensurabilidade:** aqui, a IA observa se os resultados-chave possuem métricas claras, acionáveis e verificáveis. Em casos de metas vagas, a Estrategista propõe indicadores objetivos e que representem alavancadores que tragam mudanças de patamar.
- **Relevância estratégica (impacto):** avalia se o OKR contribui significativamente para o negócio. Quando o impacto não está claro, a IA sugere maneiras de evidenciar como aquela meta gera valor, seja na experiência do cliente, na eficiência operacional ou na inovação.

Além da pontuação por critério, a Estrategista também fornece:

- **Pontuação geral:** uma média simples das quatro dimensões, que oferece um panorama do nível de maturidade do OKR avaliado.

- ***Feedback* qualitativo:** destacando pontos fortes e indicando áreas específicas de melhoria, sempre com linguagem direta e construtiva.
- **Sugestões de reescrita:** propostas completas e contextualizadas de como reestruturar o objetivo e os resultados-chave para garantir clareza, mensurabilidade e conexão com a estratégia.

Esse tipo de devolutiva elevou significativamente a qualidade das conversas sobre OKRs. A análise técnica virou ponto de partida para diálogos mais estratégicos. Em vez de gastar energia discutindo se a redação estava "boa o suficiente", as *squads* passaram a refletir sobre impacto, propósito e valor estratégico.

A Estrategista nos ajudou a enxergar com mais nitidez o nível de maturidade das metas que estávamos formulando. E mais do que isso: criou as condições para que as *squads* aprendessem e evoluíssem continuamente, a partir de um espelho claro, técnico e confiável.

6.4. A próxima etapa: criação de novos OKRs com apoio inteligente

Após estabelecermos um diagnóstico claro com o apoio da **Estrategista**, sabíamos que o próximo passo natural seria apoiar as *squads* na criação de novos OKRs com mais autonomia, consistência e intencionalidade. Para isso, desenvolvemos uma nova solução também baseada em IA generativa: o **Criador de OKRs em Sete Passos**, um agente conversacional construído a partir de um *canvas* que eu vinha aplicando manualmente com *squads* de vários tamanhos ao longo de diferentes contextos que exigiam OKRs, seja no banco Itaú ou em consultorias externas que eu prestava.

Esse *canvas* foi uma ferramenta essencial nos nossos primeiros movimentos de maturidade, pois trazia uma sequência lógica e prática para ajudar as equipes a estruturar OKRs com mais clareza e conexão estratégica. Ao longo do tempo, percebi que muitos times tinham boa intenção, mas esbarravam na dificuldade de transformar ideias em objetivos acionáveis. Foi aí que decidi transformar essa metodologia em algo escalável, interativo e acessível, nascendo assim o Criador de OKRs em Sete Passos.

Enquanto a Estrategista atua no diagnóstico e no refinamento, o Criador de OKRs em Sete Passos guia o time, passo a passo, na construção de objetivos e resultados-chave que sejam claros, mensuráveis, relevantes e estrategicamente alinhados.

A lógica por trás dessa solução partia da seguinte premissa: muitas vezes, os times não falham por falta de intenção, mas por ausência de estrutura. Em meio à pressão por entregas, à complexidade das iniciativas e à falta de clareza sobre o que deve ser priorizado, criar um OKR sólido e útil pode parecer um desafio. Foi exatamente essa lacuna que o Criador veio preencher.

6.4.1. Como funciona o Criador de OKRs em Sete Passos

A solução conduz a equipe por uma jornada estruturada e interativa, com sete passos encadeados que ajudam a transformar intenções estratégicas em objetivos concretos, claros e acionáveis. A seguir, detalho cada uma das etapas:

Passo 1: OKR interno ou externo?

O primeiro passo convida a *squad* a refletir: para quem é esse OKR? Ele está voltado para dentro da própria equipe (interno) ou para fora, para quem a *squad* atende (externo)?

- **Interno:** quando o objetivo está focado em melhorar aspectos da própria *squad* – como governança, eficiência de processos ou clima interno.
- **Externo:** quando o foco está no cliente final, nos usuários, nas áreas parceiras ou nos *stakeholders* externos.

Essa distinção é crucial, pois altera completamente o tipo de impacto que será perseguido e a natureza dos resultados que serão definidos. Saber para onde o OKR aponta – para dentro ou para fora – dá clareza estratégica logo no início da construção.

Passo 2: definição do objetivo

Com o público-alvo definido, o próximo passo é dar forma ao objetivo. Aqui, a *squad* formula uma frase qualitativa, inspiradora e direta, que representa aquilo que quer alcançar. O Criador orienta para que a frase seja curta, sem números, mas com uma direção clara.

Exemplo: "melhorar a experiência do cliente nos canais digitais."

Essa frase representa a ambição estratégica da *squad* para aquele ciclo, sem detalhar ainda o "como" ou o "quanto". É o norte.

Passo 3: justificativa do objetivo

Neste momento, o Criador convida a equipe a refletir: por que este objetivo é importante agora? A resposta pode estar ligada a um problema real, uma dor identificada nos clientes, uma meta organizacional maior ou um desafio emergente do contexto.

Exemplo: "clientes têm enfrentado dificuldades para concluir processos nos canais digitais, impactando a satisfação."

Essa justificativa fortalece o vínculo do OKR com o contexto estratégico, tornando-o mais relevante e legítimo perante a organização.

Passo 4: medição de sucesso

Antes de falar em números, o Criador pergunta: como saberemos que estamos no caminho certo? Aqui, o time descreve os sinais qualitativos de sucesso. Isso pode incluir comportamentos esperados, percepções dos usuários ou evidências observáveis que indiquem progresso.

Exemplo: "menos reclamações sobre o canal, aumento na satisfação, processos concluídos com menos esforço."

Esta etapa serve como ponte entre intenção e mensuração, preparando o terreno para os próximos passos.

Passo 5: métricas e indicadores

Com os sinais de sucesso definidos, o Criador orienta a tradução desses sinais em métricas concretas. A equipe é estimulada a identificar indicadores reais, que podem ser extraídos de *dashboards* existentes ou definidos especificamente para aquele OKR.

Exemplos:

- NPS (*Net Promoter Score*)
- Taxa de conclusão de processos
- Tempo médio de atendimento

A escolha cuidadosa das métricas garante que os resultados sejam monitoráveis ao longo do ciclo.

Passo 6: *key results* (resultados-chave)

Agora é hora de definir os KRs – resultados mensuráveis que mostram o quanto estamos progredindo em direção ao objetivo. O Criador fornece exemplos, estrutura a frase e garante que cada KR siga boas práticas:

- Começar com verbos de ação (Aumentar, Manter, Atingir, Reduzir – o “AMAR”)
- Conter uma métrica clara, *baseline* e *target*
- Ser viável de calcular e acompanhar ao longo do tempo
- Ser direto (menos de 150 caracteres) e limitado (máximo de quatro por objetivo)

Exemplos:

- Aumentar o NPS dos canais digitais de 62 para 75 até o final do semestre

- Reduzir o tempo médio de atendimento de oito para cinco minutos

Esta etapa conecta estratégia à execução, oferecendo um mapa claro de progresso.

Passo 7: resumo do OKR

Por fim, o Criador ajuda a consolidar tudo em uma frase simples, que resume o OKR com clareza, foco e prazo. É uma espécie de "frase de bordo" que pode ser usada em rituais, relatórios e apresentações. Aqui eu costumo dizer para os times que é como você explica para o CEO da empresa o que a sua *squad* irá fazer nos próximos meses.

Exemplo: "melhorar a experiência digital dos clientes, aumentando o NPS e reduzindo o tempo de atendimento até o fim do semestre."

Essa frase fortalece o entendimento compartilhado e a comunicação do OKR dentro e fora da *squad*.

6.4.2. Benefícios observados

A introdução do Criador de OKRs em Sete Passos gerou impactos significativos na experiência dos times. Entre os principais benefícios, destacam-se:

- Maior fluidez na criação de OKRs, reduzindo drasticamente o tempo gasto com formatação e validação de estrutura.
- Maior clareza coletiva sobre o propósito de cada objetivo, fortalecendo o alinhamento entre membros da *squad*.
- Redução do retrabalho, já que a maioria dos OKRs criados com o agente chegava às cerimônias bem estruturado e com alta aderência às diretrizes do programa.

- Aprendizado ativo: como o agente explicava o porquê de cada sugestão, os próprios usuários passaram a internalizar melhores práticas ao longo do tempo.
- Autonomia com responsabilidade: os times se sentiram mais preparados para criar seus próprios OKRs, ao mesmo tempo em que mantinham o vínculo com o direcionamento estratégico da organização.

A combinação entre diagnóstico (Estrategista) e criação estruturada (Criador de OKRs em Sete Passos) estabeleceu um novo patamar de maturidade na forma como tratamos OKRs: mais técnico, mais acessível e mais conectado com os resultados reais que buscamos gerar.

6.5. Inteligência aprimorada: aprender com as cerimônias para antecipar o próximo ciclo

À medida que os agentes começaram a ser utilizados pelas *squads*, um novo valor surgiu de forma orgânica: **as cerimônias de *check-in* se tornaram, além de rituais de alinhamento, uma poderosa fonte de dados para o treinamento da IA.** Começamos a utilizar o conteúdo dessas sessões – com todo o cuidado ético e o consentimento das partes envolvidas – para retroalimentar a inteligência da **Estrategista** e aprimorar continuamente sua atuação.

Essas cerimônias revelavam com nitidez muita coisa sobre a execução estratégica: os obstáculos que as *squads* enfrentavam, os aprendizados que surgiam ao longo do caminho e os ajustes que precisavam ser feitos em tempo real. Tudo isso foi se transformando em insumos para treinar os agentes de forma mais contextualizada e responsiva.

Esse processo nos permitiu, por exemplo:

- Identificar os pontos mais sensíveis da jornada de criação e revisão dos OKRs.

- Tornar os *feedbacks* da **Estrategista** mais empáticos e adaptados ao vocabulário real das equipes.
- Aumentar o engajamento das pessoas durante as cerimônias, pois os participantes passaram a perceber que aquilo que levavam de informações passou a ser usado para apoiar no treino das nossas soluções.

Mas um dos ganhos mais expressivos veio com o tempo: **ao acumular um histórico de interações, a Estrategista passou a ser capaz de realizar análises preditivas.** Com base nas discussões passadas, no padrão de evolução dos ciclos anteriores e no tipo de impacto buscado por cada *squad*, ela passou a **antecipar sugestões para os próximos OKRs**, oferecendo rascunhos iniciais personalizados e mais próximos do que os times realmente precisavam construir.

Em outras palavras, deixamos de operar em modo reativo (em que o agente apenas avalia o que foi feito) para um modelo mais proativo, onde a IA **projeta cenários e antecipa possibilidades estratégicas**, sempre com base em dados reais da própria organização.

Esse avanço trouxe uma mudança concreta nas dinâmicas de criação de OKRs: as discussões passaram a se concentrar menos em corrigir o passado e mais em desenhar o futuro com base em evidências.

Além disso, os dados das cerimônias também nos permitiram gerar **resumos executivos em linguagem natural**, o que facilitou o alinhamento com lideranças, o registro do raciocínio estratégico por trás de cada decisão e a construção de uma memória organizacional mais rica.

6.6. Resultados consolidados: quando a tecnologia traz clareza e eficiência

Os efeitos combinados do uso da Estrategista e do Criador de OKRs em Sete Passos não ficaram apenas no plano da percepção – eles se refletiram em **resultados concretos e mensuráveis** ao longo dos ciclos. Isso não apenas acelerou processos, como também **elevou significativamente a qualidade dos OKRs formulados pelas *squads*.**

Com a IA agindo como suporte técnico e estratégico, as equipes passaram a entregar objetivos mais claros, alinhados e mensuráveis – e a fazer isso em menos tempo.

6.6.1. Qualidade em alta

Quando comparamos os ciclos anteriores à adoção dos agentes com os ciclos mais recentes, observamos **aumento de 29% na qualidade geral dos OKRs.** Esse crescimento foi percebido em todos os critérios avaliados pela Estrategista:

- Ganho de 32% em clareza de redação
- Ganho de 28% em alinhamento estratégico
- Ganho de 21% em mensurabilidade
- Ganho de 29% em percepção de impacto

Esses dados refletem uma melhora significativa na capacidade das *squads* de **traduzir intenção estratégica em metas bem formuladas.** As *squads* aprenderam a se comunicar com mais precisão e intenção através de seus OKRs.

6.6.2. Eficiência operacional

Além da qualidade, o ganho de eficiência no processo de criação dos OKRs com o Criador de OKRs em Sete Passos foi expressivo. As *squads* passaram a investir menos tempo em tarefas operacionais, como estruturação e validação técnica, e mais tempo em discussões de valor.

Houve uma redução média de sete horas para criar um OKR, o que representa um ganho de 88% em eficiência no tempo dedicado à essa atividade (anteriormente levavam-se em torno de oito horas somadas para isso).

Esse tempo foi realocado para atividades mais estratégicas, como revisão de impacto, acompanhamento de resultados e identificação de oportunidades ao longo do ciclo.

6.6.3. Nossas lições aprendidas

Ao longo dessa jornada, algumas lições se tornaram particularmente evidentes – não apenas sobre o uso da IA, mas sobre o que realmente nos movia rumo à clareza estratégica:

1. **A comunicação eficaz da estratégia pelas lideranças foi fundamental** para o treinamento dos agentes e para o sucesso da implementação. Sem clareza estratégica, não há IA que compense a ausência de direção.
2. **A IA existe para potencializar o pensamento humano, não para substituí-lo.** A decisão final sempre cabe ao time. Os agentes foram criados para ampliar a visão, não para impor respostas.
3. **Os dados das cerimônias de OKR foram cruciais para o avanço das análises preditivas.** Quanto mais contexto os agentes recebiam, mais precisas e personalizadas se tornavam suas recomendações.

Essa combinação de resultados quantitativos com aprendizados qualitativos consolida o que acreditamos ser o verdadeiro papel da IA nas organizações: ampliar o foco, elevar o debate e acelerar a execução com responsabilidade estratégica.

6.7. Algumas recomendações práticas

Ao longo dessa jornada com IA generativa aplicada à governança de OKRs, acumulamos aprendizados valiosos. Em meio às interações com as *squads*, aos ciclos de *feedback* e aos dados capturados pelas ferramentas, fomos compreendendo o que realmente faz a diferença quando se trata de transformar a estratégia em ação, com apoio da inteligência artificial.

A seguir, reuni outras lições importantes que aprendemos e que podem servir de base para você que deseja seguir um caminho semelhante na sua empresa.

6.7.1. IA precisa de contexto para ser estratégica

Um agente de IA só é útil se compreender o universo em que está inserido. Quanto mais contexto fornecemos (seja por meio de direcionadores estratégicos, histórico dos OKRs anteriores ou dados das cerimônias), mais relevantes e precisas se tornam as sugestões oferecidas. O valor da IA não está na automatização, mas na personalização inteligente.

6.7.2. Clareza estratégica não se improvisa

A eficácia da IA depende diretamente da clareza da estratégia organizacional. Se a organização não sabe o que quer alcançar, a IA tampouco saberá orientar as equipes. Lideranças comprometidas, com visão clara e capacidade de articulação, são o alicerce sobre o qual qualquer solução tecnológica deve se apoiar.

6.7.3. Agentes não substituem decisões – ampliam a capacidade de decidir

A IA generativa não deve ser confundida com uma máquina de respostas definitivas. Seu papel é oferecer análises, provocações e caminhos possíveis – mas a decisão, o senso crítico e a priorização continuam sendo competências humanas. Em nosso caso, a Estrategista e o Criador ajudaram as *squads* a pensar melhor, não a terceirizar suas escolhas.

6.7.4. O processo precisa ser confiável antes de ser automatizado

Automatizar um processo frágil é apenas uma forma mais rápida de multiplicar seus erros. Antes de incorporar IA, é essencial garantir que o processo de definição, revisão e acompanhamento de OKRs esteja claro, bem desenhado e ancorado em princípios sólidos. Só assim a tecnologia pode de fato gerar valor.

6.7.5. Aprendizado organizacional é tão importante quanto resultado técnico

Os maiores ganhos da jornada não foram apenas nos gráficos, mas na mentalidade das *squads*. A capacidade de refletir sobre metas, conversar sobre propósito, questionar indicadores e adaptar estratégias com agilidade passou a fazer parte da cultura. A IA foi catalisadora de um processo de aprendizado contínuo, que vai muito além do ciclo de metas.

Para quem deseja aplicar essas ideias em seu próprio contexto, recomendo:

- **Comece pequeno, mas com intenção.** Escolha um grupo-piloto de equipes e defina hipóteses claras de valor.
- **Crie agentes que reflitam a realidade da sua empresa.** Evite soluções genéricas – os melhores resultados vêm da personalização.
- **Envolva as lideranças desde o início.** Elas serão decisivas para gerar alinhamento e confiança no processo.
- **Documente, aprenda e evolua com cada ciclo.** A IA é um processo vivo e evolui junto com a organização.

E acima de tudo: use a tecnologia para liberar o melhor das pessoas, não para substituí-las.

7.
Case Senai: Mundo IA FIEG, transformação com IA

WEYSLLER M. DE MOURA

Weysller é natural de Goiânia, Goiás, cidade na qual estudou, fazendo duas graduações (em Tecnologia da Informação e em Direito) e quatro especializações (Educação, Tecnologia da Informação e duas em Direito). Por ter uma trajetória acadêmica, atuando como professor no Ensino Superior desde 2002, fez Mestrado na área de Tecnologia (UFG) e faz Doutorado pelo Programa de Pós-Graduação Interdisciplinar em Direitos Humanos da UFG, trabalhando o tema Regulamentação da Inteligência Artificial sob a perspectiva da Ética e do impacto no Futuro do Trabalho.

Professor do Ensino Superior do SENAI Goiás desde 2005, atuou em diversas funções administrativas na instituição e atualmente é Diretor da Faculdade SENAI Fatesg, unidade que fica em Goiânia.

7.1. A transformação que leva à transformação

O SESI e o SENAI de Goiás vêm desde 2011 oferecendo capacitação profissional e tecnológica voltada para a Quarta Revolução Industrial. Ao falar de Indústria 4.0, destacam-se as **tecnologias habilitadoras** – dentre estas, a inteligência artificial. A infraestrutura e os currículos estão alinhados para acompanhar o movimento que a indústria requer.

Não poderia ser diferente, pois como uma instituição pode falar em inteligência artificial, em transformação digital, em cibersegurança, em IoT, sem ter essas práticas na sua essência? Aí começa a reflexão, pois uma instituição com 73 anos de existência no Estado, para continuar como protagonista no cenário industrial goiano, precisa se reinventar constantemente. Sendo assim, iniciou-se um movimento de transformação interna, seguindo a tendência global.

É nesse contexto que se inicia o Mundo IA FIEG, um programa "guarda-chuva" que contempla as iniciativas da Federação das Indústrias do Estado de Goiás (FIEG) para se transformar internamente e para levar inteligência artificial para a indústria. O SENAI, por se tratar de uma instituição de formação profissional, liderou na FIEG a frente de ações, desde a preparação de profissionais para esse ambiente de transformação tecnológica que as indústrias requerem até a participação em editais para captação de recursos para o desenvolvimento de projetos aplicados.

O programa Mundo IA FIEG está constituído sobre três pilares ou dimensões: 1) aplicar IA nos processos administrativos das empresas industriais; 2) aplicar IA na educação SESI SENAI; 3) aplicar IA nos processos industriais – neste caso, as plantas industriais, o conhecido "chão de fábrica".

7.2. Educação profissional e tecnológica

A transformação digital com inteligência artificial só seria possível com pessoas qualificadas, então pensa-se em formar. A formação implica em pessoas capacitadas em inteligência artificial. Isso levou o SENAI a lançar novos produtos, a exemplo da graduação tecnológica em IA, além de diversas outras pós-graduações e cursos de curta duração sobre o assunto, pois não há como falar em levar tecnologia e inovação para a indústria sem profissionais qualificados.

A proposta foi dar condição de impulsionar o desenvolvimento de sistemas inteligentes e automatizados que podem ser aplicados em uma variedade de setores, desde saúde e finanças até manufatura e varejo, combinando conhecimentos em ciência da computação, matemática, estatística e aprendizado de máquina, permitindo a criação de soluções inovadoras que transformam dados em *insights* valiosos e ações estratégicas para as empresas.

A maior dificuldade era o *know-how* para a aplicação prática que resulte em: programação e desenvolvimento de softwares; aprendizado de máquina e inteligência artificial; análise de dados e visualização; e, é claro, ética em inteligência artificial – esta última imprescindível, pois o profissional de IA deverá analisar questões como viés algorítmico, privacidade, transparência e responsabilidade.

Para preparar pessoas em curto prazo para isso, foram pensadas ações de capacitação em escala, formando aproximadamente duas mil pessoas no uso de ferramentas de IA generativa e outras tecnologias. Esse é o movimento do primeiro ciclo, pois o SESI e o SENAI reconhecem que sem profissionais preparados não é possível impulsionar essa transformação almejada.

7.3. Serviços de tecnologia e inovação

As frentes de aplicação de IA nos processos administrativos e industriais das empresas foram direcionadas para outra frente interna, daí a necessidade de atuar em paralelo com a frente de Educação Profissional e Tecnológica.

A pergunta-chave neste caso era: como o SENAI poderia levar a transformação digital com inteligência artificial para as indústrias? Como o Mundo IA FIEG contribuiria com esse movimento que precisava ser impulsionado? Daí a ideia da Fábrica de Software, um braço do SENAI Goiás, integrado por profissionais da área de prestação de serviços em tecnologia, que atua com desenvolvimento de softwares, consultoria em LGPD, boas práticas de segurança da informação e consultoria em processos logísticos, que inclusive foi premiado como um dos *cases* Top 5 do SENAI no Brasil, no Edital de Boas Práticas de Gestão 2023, lançado pelo SENAI Departamento Nacional.

A atuação organizada em inovação, desenvolvimento de software e consultoria vem destinando energia para a aplicação prática da IA para resolver problemas do mundo real, aprimorar processos e criar novas oportunidades em diversos setores, desde a micro e pequena indústria, até a grande.

Exemplo disso é a atuação na escrita de propostas de projetos com aplicação de inteligência artifical para a captação de recursos em instituições de fomento como a FINEP, FAPs e outras; tal movimento levou ao prêmio referido, o qual demonstra a vantagem do envolvimento de seus mais de 400 estudantes de graduação em TI e seus aproximadamente 200 estudantes de pós-graduação *lato sensu* em IA no desenvolvimento de soluções para a indústria, numa ação "corpo a corpo" com as lideranças dos sindicatos que fazem parte da FIEG, para indicar às empresas industriais as oportunidades que eles têm.

Ao falar em Serviços de Tecnologia e Inovação, é necessário pensar em pesquisa aplicada, em pessoas preparadas, em colaboração. Nesse contexto, foi pensado o braço de desenvolvimento de soluções com IA para promover a inovação, a competitividade e o desenvolvimento tecnológica nas indústrias e consolidar o SENAI de Goiás como um centro de referência em aplicabilidade de IA para a indústria e para a micro, pequena, média e grande empresa.

A proposta de atuação é a partir das pessoas, pois estas desempenham um papel essencial na experimentação, absorção e criação de IA. Ou seja, na fase de experimentação, especialistas, acadêmicos e profissionais testam soluções inovadoras, validando sua aplicabilidade e impacto no ambiente industrial. Na etapa de absorção, o conhecimento gerado é incorporado e refinado, garantindo que as tecnologias desenvolvidas sejam eficazes e alinhadas às necessidades do setor.

A colaboração entre equipes multidisciplinares impulsiona o desenvolvimento de novas soluções em IA, transformando ideias inovadoras em aplicações concretas que promovem a competitividade e a transformação digital das indústrias. Dessa forma, a sinergia entre pessoas, conhecimento e tecnologia fortalece o ecossistema industrial e potencializa a adoção da IA no setor, mantendo o foco na missão de criar e difundir tecnologias com base em IA com aplicabilidade na indústria.

7.4. Alavancando projetos e resultados

Podemos destacar cinco grandes lições, listadas a seguir.

7.4.1. Pensar curto, médio e longo prazos

A maior experiência tirada desse movimento é a necessidade de pensar no curto, médio e longo prazos. Na perspectiva da transformação interna, primeiro foi preciso focar nas pessoas – como ensinar IA sem estar imerso neste universo? O SENAI é uma instituição de Educação Profissional e Tecnológica, e para ensinar é preciso dominar. O SESI é uma instituição de Educação Básica, que precisa compreender como aplicar a tecnologia no contexto da formação geral. Foi daí que se estabeleceu um plano de capacitação, com uma média de desenvolvimento de duas mil pessoas apenas de público interno.

No curto prazo, foi pensado em literacia, ou seja, era importante que todos os professores, coordenadores e demais profissionais da área administrativa conhecessem o que é IA e, principalmente, a tão falada IA generativa. Ainda na visão de curto prazo, foi necessário imergir os estudantes também nesse universo, pois eles são a extensão da escola em suas famílias, casas e ambientes de convivência. Como pensar uma instituição referência no uso e na aplicação de IA se na verdade os alunos não estavam nesse universo? Daí o movimento com o público discente.

A visão no médio prazo foi em investimento, constituição de equipes, aquisição de infraestrutura e capacitação. Além de saber usar as ferramentas do mercado, a exemplo das diversas inteligências artificiais generativas, gratuitas e pagas, era preciso pensar nas ferramentas customizadas para o próprio SESI SENAI de Goiás.

No longo prazo foi pensado em como a própria instituição começaria a desenvolver suas próprias soluções com IA e como o SENAI poderia se posicionar como uma liderança no desenvolvimento de inteligência artificial aplicada à indústria.

7.4.2. Não partir do zero

Uma segunda grande lição: é preciso ter uma base de projetos previamente encaminhados. Não se pode pensar em sucesso quando a cada passo se começa do zero. Se a primeira grande lição é o planejamento curto, médio e longo prazo, a segunda grande lição é não partir do zero. O relacionamento com os interessados deve ser contínuo.

Não partir do zero contempla ainda o uso de ferramentas comerciais para que o processo de transformação seja mais rápido. No caso que se apresenta, para a aplicação de IA no SENAI, foram buscadas ferramentas no mercado, pois não se justifica desenvolver do zero aplicações que estão disponíveis e que correspondem tanto em preço quanto em performance ou acurácia.

Um exemplo é o processo de monitoramento do grau de concentração dos alunos e de perfil comportamental, com diagnóstico para intervenção pedagógica prévia e a viabilização de recuperação paralela, fazendo com que o desempenho da turma seja mais homogêneo. Nesse sistema, o objetivo é o monitoramento do tempo de sala de aula e com isso verificar o percentual do seu uso útil. Além disso, é possível identificar possíveis desvios e/ou transtornos sociais e com isso direcionar melhor a equipe de psicologia escolar.

Outro exemplo de ferramenta é a aplicação de IA para elaboração de atividades para os alunos, planos de aulas, avaliações etc. As atividades extraclasse dos professores, que demandam tempo quase equivalente ao que ele utiliza em sala de aula, são automatizadas com o uso de uma IA generativa customizada para o Sistema SESI SENAI de Goiás. Essa automatização tem se refletido em ganhos de eficiência superiores 80% no tempo do professor – por exemplo, ganhos de tempo extraordinário para elaboração de atividades interdisciplinares, ganhos na elaboração de planos de aulas, padronização da documentação conforme a Metodologia SENAI de Educação Profissional e da Metodologia Estruturada de Ensino SESI.

7.4.3. Atuar em rede

Na mesma linha, falando do que deu certo e que é passível de replicação é a estratégia de atuação em rede. Aqui o termo é usado na perspectiva de soma de competências. Equipes multiprofissionais precisam ser envolvidas. O *case* é de **transformação digital para gerar transformação digital**, ou seja, o SENAI realiza um movimento interno de mudança, uma virada de chave, para que isso o possibilite a levar inovação e auxiliar as empresas a ganhar competitividade.

No contexto da atuação em rede, além do trabalho integrado entre as unidades escolares, incluindo suas três faculdades, o SENAI de Goiás articulou junto à Diretoria de Educação e Gerência de Tecnologia para viabilizar um plano de transformação digital. O trabalho conjunto de diversas áreas garante um olhar específico e claro do negócio, que, neste caso, é a aplicação de IA nos seus processos e, ao mesmo tempo, o desenvolvimento dos educadores, figuras imprescindíveis nesse processo.

7.4.4. A regra do pensar grande é um fato

A lição aprendida aqui é quanto à importância de não se contentar com pouco. Ao analisar o que as demais instituições de ensino estavam fazendo, via-se um movimento intenso para o uso em sala. No entanto, o SENAI e o SESI quiseram mais e daí a importância da primeira lição, pensar curto, médio e longo prazo; aqui se imaginou que era preciso treinar os professores, desenvolver analistas e implantar sistemas de IA.

Além disso, estabeleceu-se que era necessário criar uma estrutura para pensar essa inovação. Uma estrutura capaz de identificar o que há de novo no mercado e trazer para funcionar em casa.

7.4.5. Retroalimentar o processo

Por fim, muito importante é avaliar e refinar o processo, trazendo melhorias contínuas para o processo. A avaliação contínua, o cuidado com os *feedbacks*, o refinamento do processo foram fundamentais para o sucesso. Por exemplo, quando se tratava de uma formação de professores no uso das tecnologias de inteligência artificial, para cada turma interna que era ministrada havia um *feedback* para aprimorar o processo na próxima edição. Outro exemplo: a cada versão do software que era disponibilizada, era feita uma coleta de *feedbacks* para perceber os ganhos reais em performance.

Assim como foi destacado anteriormente, uma das premissas da instituição são as pessoas – nesse caso, o foco foi professores e professoras. Ouvi-los foi fundamental.

7.5. Caminho de crescimento contínuo

A transformação levou ao crescimento contínuo. As ações do SENAI estão se refletindo nos números.

O valor que o SENAI está movimentando dobra a cada ano. O número de pessoas capacitadas no uso de IA quintuplicou nos últimos três anos. Os ganhos de performance no trabalho extraclasse dos professores da rede SESI SENAI de Goiás ultrapassam os 80% de redução no tempo de planejamento e produção de conteúdo. Ou seja, são inquestionáveis.

O SENAI dispõe de um laboratório de processamento de *big data* desde 2020, utilizado para treinamento de algoritmos de IA, reduzindo os custos de uso da nuvem. A infraestrutura tecnológica permite a interseção com outras áreas profissionais, tais como Automação, Mecatrônica, Mecânica e Tecnologia da Informação, com uma formação bem integrada.

7.6. O que o SENAI faria diferente?

Ao avaliar a experiência desse movimento, desde 2020, o que o SENAI faria diferente? Aplicaria na íntegra as lições: 1) pensar curto, médio e longo prazos; 2) não partir do zero; 3) atuar em rede; 4) a regra do pensar grande é um fato; 5) retroalimentar o processo.

Pode até parecer clichê, mas não é! Aqui está o extrato de uma experiência colhida no decorrer de um projeto que nasceu para promover a inovação com inteligência artificial, muito antes do "boom" da IA generativa.

8.
Case Stefanini: Implementação de IA para criação de histórias de usuário

PATRÍCIA RODRIGUES DE SOUZA

Líder de gestão de produtos digitais com 25 anos de experiência em tecnologia da informação, mentora e palestrante, é coautora do livro *Jornada da Transição para Produtos*, em que compartilha sua trajetória e aprendizados na evolução de analista de requisitos a *Product Manager*.

Atua como Líder Ágil em projetos de grande impacto, promovendo a eficiência e a cultura orientada a dados.

Ao longo da sua carreira, desenvolveu competências em planejamento de *delivery*, gestão de *backlog* e facilitação de cerimônias ágeis. Além disso, destaca-se na medição de desempenho de equipes e na remoção de impedimentos, sempre focada em agregar valor ao cliente.

Sua abordagem integra práticas ágeis e técnicas de *design thinking* e *discovery* visando a melhoria contínua. Formada em tecnologia em processamento de dados, MBA em gestão de projetos, pós-graduada em engenharia de software, mestranda em gestão de projetos; certificada CSPO, *Management* 3.0, SMPC, PM3, ITIL®. Sua missão é impactar positivamente a vida das pessoas inspirando uma cultura de maestria.

Quando não está trabalhando, está fazendo trilha e se aventurando em meio a natureza. A autora está entusiasmada para compartilhar suas experiências e contribuir para a jornada de novos profissionais na área. Conecte-se com Patricia por meio de <https://www.linkedin.com/in/patricia-rodrigues-produteira

8.1. Contexto geral

No ambiente dinâmico e competitivo da tecnologia, em que a inovação constante é crucial para a sobrevivência e o crescimento, a organização em que atuei como *Product Owner* percebeu a necessidade de se adaptar e evoluir. Com a crescente demanda por soluções ágeis e a pressão para entregar produtos de alta qualidade em prazos cada vez mais curtos, a equipe de liderança decidiu explorar a integração da inteligência artificial (IA) em nosso fluxo de trabalho.

O mercado de tecnologia estava passando por uma revolução, com empresas adotando IA para otimizar processos e aumentar a eficiência. Ferramentas de IA estavam sendo utilizadas para automatizar tarefas repetitivas, como análise de dados, geração de código, atendimento ao cliente e, especificamente, na criação de histórias de usuário – o assunto deste *case*.

8.2. Identificação do problema

As histórias tinham um papel essencial para guiar o trabalho do time de desenvolvimento e garantir que o produto final atendesse às necessidades dos usuários. No entanto, o processo de redação das histórias era repetitivo e demandava muito tempo, o que impactava na agilidade da equipe e na capacidade de entrega de valor. Essa tendência não só melhoraria a produtividade como possibilitaria que o *Product Owner* se concentrasse em tarefas relacionadas à gestão das entregas que exigiam criatividade, pensamento crítico e gestão de riscos.

O processo de desenvolvimento das histórias era longo, gastava-se muito tempo escrevendo e revisando para que as histórias ficassem no ponto de qualidade aceitável. Foram mapeados os seguintes pontos de melhorias:

- **Tempo excessivo:** o *Product Owner* gastava em média de três a quatro horas por semana apenas para escrever as histórias de usuário.
- **Qualidade variável:** a qualidade das histórias variava conforme a experiência do *Product Owner* em escrevê-las, muitas vezes resultando em falta de clareza e especificidade.
- **Falta de foco:** o tempo gasto em tarefas repetitivas impedia o *Product Owner* de focar em atividades mais estratégicas, como análise de mercado e *feedback* de usuários.

8.3. Oportunidade de melhoria

A liderança da empresa, ao analisar o cenário atual e os desafios enfrentados pela equipe de desenvolvimento, identificou uma clara oportunidade de aprimorar o processo de criação de histórias de usuário através da aplicação de inteligência artificial. Reconhecendo que a eficiência e a qualidade eram cruciais para o sucesso do desenvolvimento ágil, a equipe decidiu explorar soluções tecnológicas que pudessem transformar a forma como o trabalho era feito.

8.4. Resultado esperado

A proposta central era implementar um sistema de inteligência artificial capaz de gerar *prompts* personalizados para toda a organização que facilitassem e acelerassem a redação das histórias de usuário. Essa abordagem visava reduzir o tempo necessário para a criação das histórias e aumentar a qualidade da escrita, o que impactaria positivamente no seu entendimento e também assegureria que elas fossem mais precisas e alinhadas às necessidades dos usuários.

8.5. Engajamento das pessoas

A organização lançou uma campanha de marketing para promover a implantação de inteligência artificial (IA) em suas operações. Essa iniciativa visava engajar toda a equipe na adoção dessa tecnologia inovadora e quebrar barreiras culturais. A campanha foi projetada de maneira estratégica, abordando diferentes públicos internos e externos e destacando os benefícios da IA na rotina de trabalho e na aceleração do negócio.

Os principais objetivos da campanha incluíram:

- **Educação:** informar os colaboradores sobre o que é inteligência artificial, suas aplicações práticas e como ela poderia ser utilizada no dia a dia.
- **Engajamento:** incentivar a participação ativa dos colaboradores na implementação da IA, promovendo um sentimento de pertencimento e colaboração.
- **Demonstração de benefícios:** apresentar casos de uso concretos que demonstram como a IA poderia aumentar a eficiência, melhorar a qualidade do trabalho e liberar tempo para atividades mais estratégicas.
- **Comunicação multicanal:** e-mails informativos, *webinars* e *workshops*.

A campanha de marketing alcançou resultados significativos:

- **Alta taxa de engajamento:** a participação superou as expectativas, com mais de 80% dos colaboradores envolvidos nas iniciativas.

- **Adoção rápida da IA:** a implementação da IA foi realizada de forma ágil, porém suave, com a equipe se sentindo preparada e capacitada para utilizar as novas ferramentas.

8.5.1. Reações e sentimentos percebidos durante a campanha

Entusiasmo e curiosidade

Desde o início da campanha, a comunicação clara e visualmente atraente capturou a atenção dos colaboradores. A introdução dos *webinars* e *workshops* gerou um clima de entusiasmo e curiosidade. Os colaboradores estavam ansiosos para entender como a IA poderia transformar suas rotinas diárias. Muitas pessoas expressaram seu interesse nas reuniões e nas redes sociais internas, compartilhando expectativas sobre as novas ferramentas e como elas poderiam facilitar suas tarefas.

Sensação de pertencimento e inclusão

A estratégia de envolver todos os colaboradores na campanha, por meio de materiais informativos e oportunidades de *feedback*, criou um forte sentimento de pertencimento e inclusão. As pessoas se sentiram parte de algo maior. Durante os *workshops*, os colaboradores se mostraram engajados, fazendo perguntas e compartilhando experiências. Essa interação promoveu um ambiente colaborativo, onde todos se sentiram valorizados e ouvidos.

Confiança e preparação

À medida que a campanha avançava, muitos colaboradores relataram uma crescente confiança em suas habilidades para usar as novas ferramentas de IA. Os estudos de caso e os depoimentos de colegas que já haviam testado a IA ajudaram a desmistificar a tecnologia. Ao ver que seus pares estavam tendo sucesso, as pessoas se sentiram mais preparadas e capacitadas para enfrentar a transição. Essa confiança foi crucial para a adoção rápida da IA, pois muitos começaram a explorar as funcionalidades antes mesmo da implementação oficial.

Redução de ansiedade e resistência à mudança

Inicialmente, houve preocupação e ansiedade em relação à adoção da IA e seu impacto no trabalho. No entanto, a forma como a campanha foi estruturada, com ênfase na educação e no suporte contínuo, ajudou a mitigar essas preocupações. Os colaboradores se sentiram mais seguros ao saber que teriam acesso a recursos de aprendizado e a um canal aberto para tirar dúvidas. Essa abordagem proativa reduziu a resistência à mudança e facilitou uma transição mais suave.

Satisfação e orgulho

Com a participação de mais de 80%, os colaboradores expressaram satisfação pelo envolvimento e orgulho em fazer parte de uma organização que investe em inovação. O sentimento de estar na vanguarda da tecnologia gerou um senso de realização e motivação. Muitos começaram a ver a implementação da IA não apenas como uma mudança de processo, mas como uma oportunidade de crescimento e desenvolvimento profissional.

A campanha de marketing alcançou resultados significativos em termos de engajamento e adoção da IA. O entusiasmo, a sensação de pertencimento, a confiança adquirida e a redução da ansiedade foram fundamentais para o sucesso da iniciativa. Esses fatores contribuíram para criar uma cultura organizacional mais aberta à inovação, com colaboradores preparados para enfrentar os desafios da transformação digital. O apoio contínuo e a comunicação clara foram elementos-chave que garantiram que a jornada em direção à IA fosse vista como uma oportunidade empolgante e não como uma obrigação.

8.6. Implementação da solução

1. Pesquisa e seleção de ferramentas:

    - Após pesquisar e avaliar diversas ferramentas de IA para identificar aquelas que se adaptassem melhor aos objetivos do negócio da empresa, foi escolhida uma solução que oferecia geração de texto com base em *prompts* customizados.

2. Geração de *prompts* personalizados:

- Foi formado um time interdisciplinar com representantes de várias áreas da organização para a personalização dos *prompts*. Essa equipe incluiu desenvolvedores, *Product Owners*, gerentes de projetos, designers UX e analistas de dados. A mobilização do time foi uma experiência colaborativa e envolvente que fortaleceu a cultura de inovação dentro da organização. O engajamento de diversas disciplinas garantiu que os *prompts* fossem bem alinhados às necessidades dos usuários.

- O sistema de inteligência artificial foi programado para compreender o contexto específico do produto e as características dos usuários. Essa programação envolveu a análise de uma variedade de dados, como funcionalidades existentes, *feedbacks* anteriores e requisitos do projeto, o que permitiu à IA captar nuances importantes sobre o que era necessário.

- Ao receber essas informações, a IA foi capaz de gerar *prompts* altamente relevantes e contextualizados. Esses *prompts* foram elaborados de maneira a refletir as necessidades e expectativas dos usuários.

3. Treinamento das equipes:

- Ciente do impacto que a IA poderia ter, a liderança da empresa iniciou uma mobilização em toda a organização. O objetivo era envolver todos os colaboradores na iniciativa de implementar IA em suas atividades diárias. Foram realizados *workshops* para educar os colaboradores sobre a IA, suas capacidades e como integrá-la em suas funções. Esses treinamentos abordaram desde conceitos básicos até aplicações práticas. Foram organizadas sessões de treinamento para a equipe de desenvolvimento, que aprendeu a usar a ferramenta de IA e a integrar esses *prompts* ao seu fluxo de trabalho.

4. Criação de um banco de dados de *prompts*:

- Junto com a equipe responsável pela implementação do projeto de IA, foi desenvolvido um banco de dados de *prompts* que incluía necessidades específicas. Eles foram categorizados por tipo de funcionalidade – por exemplo: criar histórias de usuários, cenários de testes, criar teste unitários, traduzir textos, criar códigos.

8.7. Despertando a criatividade com histórias ágeis

Após apresentar o contexto inicial da implementação da inteligência artificial na organização, é chegada a hora de focar no uso do *prompt* personalizado para a criação de histórias de usuários. A experiência de utilizar esse *prompt* foi revolucionária. Desde o primeiro uso, senti uma mistura de empolgação e alívio ao ver como conseguia gerar histórias de usuários de forma rápida e eficiente. O que antes demandava horas de trabalho agora era feito em questão de minutos, liberando meu tempo para atividades mais estratégicas. Essa agilidade não apenas aumentou minha produtividade, mas também melhorou a qualidade das histórias, que se tornaram mais claras e específicas. A sensação de controle e eficiência me trouxe um profundo prazer e satisfação. Essa ferramenta despertou um sentimento renovado de motivação e criatividade, mostrando o verdadeiro potencial da inteligência artificial em nosso fluxo de trabalho.

8.8. *Prompt* de criação de histórias de usuário

A criação da personalização do *prompt* para a escrita de histórias de usuário utilizando a abordagem *Behavior-Driven Development* (BDD) foi um processo metódico e colaborativo. Começamos com a formação de um time interdisciplinar, composto por *Product Owners*, designers UX/UI e analistas de negócios, garantindo que todas as perspectivas fossem consideradas.

8.8.1. Etapas do processo de criação do *prompt*

1. **Identificação de necessidades:** foram organizadas sessões de *brainstorming* para discutir as necessidades específicas das histórias de usuário. Isso incluiu a análise de *feedbacks* anteriores e a identificação de lacunas nas histórias geradas anteriormente.

2. **Estrutura do *prompt*:** foi definida uma estrutura clara para os *prompts*, que incluía os seguintes campos essenciais:

   - **Título:** um breve resumo da funcionalidade a ser descrita.

   - **Descrição:** aqui entra todo o contexto da funcionalidade. Quanto mais detalhes imputados, mais a história ficava completa.

3. **Prototipagem e testes:** após a definição dos campos do *prompt*, foram criados protótipos e realizados testes com um grupo de usuários interagindo com os *prompts*. Foram coletados *feedbacks* sobre a clareza e a praticidade dos campos definidos.

4. **Iteração e refinamento:** com base no *feedback* recebido, ajustes foram realizados para melhorar a clareza dos *prompts*, adicionando exemplos práticos e orientações sobre como preencher cada campo corretamente.

5. **Documentação e treinamento:** finalmente, foram formalizados os *prompts* personalizados em um documento acessível, incluindo guias e melhores práticas. Por fim, sessões de treinamento foram realizadas para capacitar a equipe a utilizar os novos *prompts* em suas atividades diárias.

Esse processo colaborativo resultou em *prompts* de escrita de histórias de usuário que não apenas seguiam a estrutura do BDD, mas também eram intuitivos e eficazes, gerando histórias mais claras e alinhadas às necessidades do usuário. A personalização garantiu que todos os colaboradores estivessem equipados para contribuir significativamente para o desenvolvimento do produto.

A iniciativa empoderou os colaboradores, que se sentiram parte integral do processo de transformação digital da empresa. Isso resultou em uma maior clareza nas histórias geradas, uma comunicação mais eficaz entre os membros da equipe e melhora na qualidade geral do desenvolvimento do produto.

8.9. Depoimento da autora

Ao começar a utilizar o *prompt* personalizado para a criação de histórias de usuário, percebi uma transformação significativa na forma como desenvolvia essas histórias. O processo ficou muito mais estruturado e eficiente. Por exemplo, quando eu precisava criar uma história para o cadastro de uma nova empresa, eu iniciava preenchendo o título da história no *prompt*, que seria algo como "Cadastro de Nova Empresa".

Em seguida, passava para o campo de descrição. Aqui, eu me esforçava para fornecer um contexto detalhado e abrangente. Descrevia que o usuário em questão seria um administrador do sistema, que precisa cadastrar uma nova empresa para gerenciar suas informações e operações. Eu incluía detalhes como quais informações seriam necessárias: nome da empresa, endereço, CNPJ, e dados de contato. Também mencionava o objetivo do cadastro: facilitar a geração de relatórios financeiros e o controle de operações.

Assim que preenchia esses campos, o sistema de IA processava as informações e gerava uma história de usuário seguindo a estrutura do BDD. O retorno que obtive foi algo como:

> *Título: Cadastro de Nova Empresa*
>
> *Como um administrador do sistema,*
>
> *Eu quero cadastrar uma nova empresa,*
>
> *Para que eu possa gerenciar suas informações e operações de forma eficiente.*

Critérios de aceitação:

1. O sistema deve permitir o preenchimento dos seguintes campos: nome da empresa, endereço, CNPJ e dados de contato.
2. O sistema deve validar o CNPJ informado, garantindo que ele seja válido e ainda não esteja cadastrado.

3. Ao clicar no botão "Cadastrar", o sistema deve salvar as informações e exibir uma mensagem de confirmação "Empresa cadastrada com sucesso".

4. A nova empresa deve aparecer na lista de empresas cadastradas no sistema.

Esse retorno foi extremamente útil, pois não apenas me proporcionou uma história de usuário clara e concisa como garantiu que todos os aspectos importantes fossem considerados. O formato BDD ajudou a alinhar a equipe em torno do que era necessário, deixando claro o papel do usuário e os resultados esperados.

Além disso, o uso do *prompt* me permitiu economizar tempo, já que não precisava me preocupar em estruturar a história do zero. Com o *prompt*, eu tinha um guia que me orientava a não deixar nenhum detalhe importante de fora, o que, sem dúvida, melhorou a qualidade das histórias desenvolvidas. Agora, com essa abordagem, me sinto mais confiante e capacitada, sabendo que estou contribuindo para um produto que atende realmente às necessidades dos usuários. A experiência de criar histórias de usuário se tornou mais gratificante.

8.9.1. Integração de *prompts* e ChatGPT no mapeamento de histórias de usuário

A utilização de *prompts* personalizados na criação de histórias de usuário foi uma verdadeira revolução em minha rotina como *Product Owner*. Ao longo do tempo, percebi que poderia levar essa eficiência a um novo patamar ao integrar o ChatGPT no processo de mapeamento das histórias. Essa combinação se mostrou extremamente eficaz, especialmente após realizar o refinamento de negócios e entender o escopo da aplicação.

8.9.2. Refinamento do negócio e entendimento do escopo

Antes de envolver o ChatGPT, eu dedicava um tempo considerável ao refinamento do negócio realizando reuniões com *stakeholders*, coletando *feedback* de usuários e analisando requisitos. Um exemplo prático desse processo foi o desenvolvimento da aplicação chamada Gestão Financeira de Negócio (GFN). Durante as reuniões, identifiquei que o foco principal da aplicação seria permitir que os usuários gerenciassem informações financeiras de suas empresas de forma ágil e segura.

Os requisitos que surgiram incluíam funcionalidades como cadastrar nova empresa, editar empresa, excluir empresa, visualizar empresa e auditoria (*log*). Além disso, tomei cuidado para registrar as restrições legais e técnicas que poderiam impactar essas funcionalidades, como a validação de dados e a necessidade de garantir a segurança das informações.

8.9.3. Interagindo com o ChatGPT

Com todas essas informações em mente, abri o ChatGPT e comecei a interação. No campo de entrada, descrevi detalhadamente o contexto da aplicação GFN. O que incluí?

- **Nome da aplicação:** Gestão Financeira de Negócio (GFN).
- **Objetivo:** permitir que os usuários gerenciem suas finanças empresariais de forma eficiente.
- **Funcionalidades identificadas:** cadastro de nova empresa, edição de dados da empresa, exclusão, visualização e auditoria.
- **Restrições:** validação de dados, segurança da informação e conformidade com as regulamentações locais.

Após fornecer esse contexto, solicitei ao ChatGPT que me ajudasse a mapear as histórias de usuário, organizando-as em *features* e épicos. A solicitação foi clara: "por favor, forneça um mapeamento de histórias de usuário para a aplicação GFN, agrupando-as por funcionalidades e épicos".

8.9.4. Retorno do ChatGPT, resultado do mapeamento

O retorno que obtive do ChatGPT foi excepcionalmente útil, valioso e estruturado. Ele apresentou um mapeamento claro e organizado que detalha as funcionalidades e como elas se conectam ao épico maior. O mapeamento ficou assim:

Épico: gestão de empresas

***Feature*: cadastro básico**

- **História de usuário 1:** como um administrador, eu quero cadastrar uma nova empresa para que eu possa gerenciar suas informações financeiras.
- **História de usuário 2:** como um administrador, eu quero validar os dados da nova empresa para garantir que as informações estejam corretas e completas.

***Feature*: edição de empresa**

- **História de usuário 3:** como um administrador, eu quero editar os dados de uma empresa já cadastrada para que as informações estejam sempre atualizadas.
- **História de usuário 4:** como um administrador, eu quero receber uma confirmação ao salvar alterações para garantir que as modificações foram aplicadas com sucesso.

***Feature*: exclusão de empresa**

- **História de usuário 5:** como um administrador, eu quero excluir uma empresa do sistema para que eu possa remover informações desatualizadas ou incorretas.
- **História de usuário 6:** como um administrador, eu quero receber um aviso de confirmação antes de realizar a exclusão para evitar remoções acidentais.

***Feature*: visualização de empresa**

- **História de usuário 7:** como um administrador, eu quero visualizar informações detalhadas de uma empresa para que eu possa ter um panorama completo de seus dados financeiros.
- **História de usuário 8:** como um administrador, eu quero filtrar empresas por categorias específicas para facilitar a busca.

***Feature*: auditoria (*log*)**

- **História de usuário 9:** como um administrador, eu quero acessar um *log* de auditoria para que eu possa acompanhar as alterações feitas no sistema e garantir a conformidade.
- **História de usuário 10:** como um administrador, eu quero exportar o *log* de auditoria para análise externa, caso necessário.

8.9.5. Benefícios da integração

Essa abordagem combinada trouxe diversos benefícios:

1. **Clareza e estrutura:** o mapeamento gerado pelo ChatGPT me ajudou a visualizar a relação entre as funcionalidades e o épico de gestão de empresas.
2. **Eficiência:** o tempo que economizei ao utilizar o ChatGPT para gerar o mapeamento foi significativo. Isso me permitiu focar em outras áreas críticas do projeto, como a priorização de histórias e a comunicação com a equipe.
3. **Validação:** o retorno do ChatGPT me ofereceu uma validação adicional do meu entendimento sobre os requisitos e o escopo, permitindo-me ajustar rapidamente qualquer incoerência.
4. **Colaboração:** o mapeamento gerado pôde ser facilmente compartilhado com a equipe, facilitando discussões e colaborações em torno das histórias de usuário.

5. **Iteração contínua:** a possibilidade de ajustar rapidamente o mapeamento com novas informações ou mudanças no escopo tornou o processo dinâmico e adaptável.

Integrar o uso de *prompts* personalizados e o ChatGPT no processo de criação e mapeamento de histórias de usuário foi uma experiência transformadora. Essa combinação garantiu que as histórias fossem mais bem estruturadas e alinhadas às necessidades dos usuários. A experiência reforçou a importância de adotar tecnologias inovadoras para otimizar processos e aumentar a colaboração dentro da equipe, resultando em um produto mais robusto e uma equipe mais engajada.

8.9.6. O sucesso do uso do *prompt* para a criação de histórias de usuário

A implementação de *prompts* personalizados para a escrita de histórias de usuário foi uma mudança transformadora na forma como nossa equipe abordou o desenvolvimento de produtos digitais. Desde o início, ficou evidente que essa prática otimizou o processo e melhorou a qualidade das histórias geradas. A seguir, compartilho os aspectos que deram certo e que podem servir de inspiração para outras equipes que desejam adotar uma abordagem semelhante.

1. **Estrutura clara e consistente.** Um dos principais benefícios do uso de *prompts* foi a introdução de uma estrutura clara e consistente para a criação de histórias de usuário. Utilizando um formato padronizado, conseguimos garantir que cada história incluísse os elementos essenciais: o tipo de usuário, a ação desejada e o resultado esperado. Isso melhorou a compreensão das histórias por toda a equipe, resultando em um alinhamento mais forte entre as partes interessadas.

2. **Aumento da eficiência.** Antes da adoção dos *prompts*, a criação de histórias de usuário era um processo que consumia muito tempo e esforço, com frequência resultando em variabilidade na qualidade. Com a implementação dos *prompts*, o tempo necessário para escrever e refinar histórias foi reduzido em até 50%. Essa eficiência permitiu que a equipe se concentrasse em atividades mais estratégicas, como análise de mercado e *feedback* de usuários.

3. **Colaboração interdisciplinar.** O uso de *prompts* também incentivou a colaboração interdisciplinar dentro da equipe. Envolvemos membros de diferentes áreas – como desenvolvimento, design e negócios – para garantir que todas as perspectivas fossem consideradas. Isso resultou em histórias de usuário mais ricas e abrangentes, que refletiam melhor as necessidades dos usuários finais.

4. **Melhoria na qualidade das histórias.** Com uma estrutura clara e consistente, a qualidade das histórias de usuário melhorou significativamente. Os *prompts* ajudaram a evitar ambiguidades e a garantir que todas as informações necessárias fossem incluídas. As histórias se tornaram mais específicas e orientadas a resultados, facilitando o entendimento por parte dos desenvolvedores e aumentando a eficácia do trabalho.

5. ***Feedback* contínuo e iteração.** Outra prática que se mostrou valiosa foi a coleta de *feedback* contínuo sobre os *prompts* e as histórias geradas. Estabelecemos um canal aberto para que todos os membros da equipe pudessem compartilhar suas opiniões e sugestões. Este ciclo de *feedback* permitiu ajustes contínuos nos *prompts*, garantindo que se mantivessem relevantes e úteis ao longo do tempo.

6. **Capacitação da equipe.** O uso de *prompts* também teve um impacto positivo na capacitação da equipe. Com o tempo, os membros da equipe se tornaram mais confiantes em suas habilidades de redação e compreensão das histórias de usuário. Isso incentivou um ambiente de aprendizado contínuo em que todos se sentiam à vontade para experimentar novas abordagens.

7. **Inspiração para outras equipes.** O sucesso que obtivemos com os *prompts* para a criação de histórias de usuário pode, e deve, ser compartilhado com outras equipes. A prática demonstrou que uma abordagem estruturada e colaborativa pode levar a resultados significativos, tanto em termos de eficiência quanto de qualidade. Outras equipes podem se inspirar em nossa experiência e adaptar a metodologia de *prompts* de acordo com suas necessidades específicas.

A adoção de *prompt* personalizado para a criação de histórias de usuário foi um divisor de águas para nossa equipe. Os resultados positivos em termos de eficiência, qualidade e colaboração demonstraram o valor dessa prática.

Ao compartilhar nossa experiência, espero inspirar outras equipes a explorar o uso de *prompts* como uma ferramenta eficaz para aprimorar seu processo de desenvolvimento. Com uma estrutura clara e um foco na colaboração, é possível transformar a forma como histórias de usuário são escritas e utilizadas, resultando em produtos que realmente atendem às necessidades dos usuários.

8.10. Resultados e impacto

- Com essa iniciativa, a empresa não só conseguiu reduzir o tempo gasto em tarefas repetitivas como melhorou a qualidade das entregas. Os colaboradores se sentiram mais capacitados e engajados, uma vez que tinham mais tempo para se concentrar em atividades que realmente agregam valor. Além disso, a adoção da IA se tornou um diferencial competitivo, posicionando a empresa na vanguarda da inovação no setor.

- **Redução de tempo:** o tempo gasto na criação de histórias de usuário foi reduzido em cerca de 50%, passando de quatro horas para duas horas por semana. Esse levantamento foi realizado com os profissionais que aplicaram o *prompt* na atividade de construção de história, sob o acompanhamento da gestão.

- **Aumento da qualidade:** a qualidade melhorou, com *feedback* positivo dos desenvolvedores sobre a clareza e a especificidade das histórias geradas.

- **Foco em atividades estratégicas:** com a redução do tempo gasto em tarefas repetitivas, a equipe pôde dedicar mais tempo a atividades estratégicas, como análise de dados de usuários e iterações de produtos.

8.11. Conclusão

A implementação da inteligência artificial no processo de desenvolvimento de software foi um divisor de águas para a empresa. Mobilizar colaboradores e integrá-los fomentou uma cultura de inovação e colaboração. Essa experiência demonstrou que, ao se adaptar às tendências do mercado e alavancar tecnologias emergentes, as empresas podem prosperar em um ambiente de negócios em constante mudança.

A implementação da inteligência artificial para a criação de histórias de usuário foi um sucesso. Conseguimos aumentar a eficiência da equipe e melhorar a qualidade das entregas, resultando em um produto mais alinhado às necessidades dos usuários. Essa experiência demonstrou o valor de adotar tecnologias inovadoras para resolver problemas comuns em ambientes de desenvolvimento ágil.

8.11.1. Recomendações finais

- **Avaliação contínua:** continuar avaliando o impacto da IA no fluxo de trabalho e ajustar os *prompts* conforme as necessidades dos usuários evoluem.

- **Expansão do uso de IA:** explorar outras áreas onde a IA pode ser implementada, como na análise de *feedback* dos usuários e na priorização de *backlog*.

- **Engajamento da equipe:** manter a equipe aberta à adoção de novas tecnologias, promovendo uma cultura de inovação.

9.
Case Nitro

RODRIGO SILVA

Executivo de Tecnologia da Informação com ampla experiência em liderar processos de transformação digital em setores como energia, óleo & gás, varejo, saúde, indústria farmacêutica, *fintechs*, agronegócio, consultoria, transporte, educação, *startups* e ONGs.

Especialista em gestão estratégica de produtos digitais, transformação ágil e inovação corporativa, atua ativamente em conselhos consultivos, comitês de inovação e negócios digitais, contribuindo para estratégias de expansão nacional e internacional, fusões, aquisições e processos de IPO.

Liderou iniciativas complexas de modernização tecnológica e excelência operacional, com foco na otimização de custos, eficiência e crescimento sustentável. Possui sólida atuação em programas de reestruturação de TI, internalização de conhecimento, otimização de *outsourcing*, modernização de *service desk*, MSS e centros de operações de segurança (SOC).

Defensor da prontidão digital, impulsiona times executivos a adotar tecnologias disruptivas como *IA, machine learning, blockchain, cloud*, automação e decisões orientadas por dados. Foi responsável pelo desenvolvimento do Plano Diretor de Tecnologia da Informação (PDTI), Plano de Recuperação de Desastres (DRP) e Plano de Continuidade de Negócios (BCP), promovendo resiliência empresarial e conformidade em cibersegurança.

Com atuação internacional, liderou equipes multiculturais em países como Brasil, Argentina, Peru, Colômbia, Espanha, Alemanha, Reino Unido, Itália, Bélgica e Dinamarca. Sua missão é alinhar investimentos tecnológicos aos objetivos estratégicos das organizações, promovendo escalabilidade, inovação e geração de valor.

A criação da Nina nasceu da necessidade crescente de oferecer atendimento ágil, inteligente e personalizado aos usuários internos da Nitro, especialmente em temas ligados a tecnologia, sistemas corporativos e cibersegurança. A empresa identificou como dor principal a dispersão do conhecimento técnico e a dependência de atendimentos manuais para dúvidas recorrentes, como erros no sistema Datasul, acessos ao Power BI, abertura de chamados e orientação sobre ferramentas corporativas como o Office 365. A oportunidade, portanto, estava em automatizar o suporte e centralizar o conhecimento institucional, liberando tempo dos especialistas de TI e melhorando a experiência do usuário final com respostas em tempo real, 24x7, baseadas em dados confiáveis e atualizados.

A história da Nina começa em um cenário de transformação digital acelerada dentro da Nitro, onde a área de Tecnologia da Informação buscava formas de inovar no suporte ao usuário e ao mesmo tempo reforçar a cultura de segurança e autonomia digital. Aproveitando o ecossistema Microsoft já presente na empresa, a equipe decidiu unir o Microsoft 365 Copilot à API do ChatGPT da OpenAI, criando uma colaboradora virtual com inteligência contextual e conhecimento do negócio.

Inicialmente, a Nina foi alimentada com uma base estruturada de tópicos e arquivos internos, como catálogos de serviços, mapas de sistemas, apresentações sobre cibersegurança e *links* para plataformas críticas. Sua missão era clara: atender aos usuários de maneira proativa e eficiente, oferecendo soluções rápidas para problemas cotidianos, como falhas no Datasul, dúvidas sobre ferramentas Microsoft, redirecionamentos para *links* úteis e orientações de boas práticas digitais.

Com seu lançamento, a Nina reduziu o tempo de resposta de chamados e se tornou um *hub* de conhecimento interativo. Ela não substituiu os humanos, mas passou a potencializar a atuação da TI, entregando inovação com propósito e valor real no dia a dia operacional.

À medida que o projeto evoluía, a equipe percebeu que Nina poderia ir além do suporte reativo. Ela começou a atuar como uma parceira digital, antecipando necessidades com base em comportamentos e padrões de uso dos sistemas. Ao detectar uma dúvida recorrente sobre determinada ferramenta ou erro de acesso, por exemplo, Nina passou a sugerir conteúdos preventivos, tutoriais e até ações educativas em cibersegurança, fortalecendo o papel da TI como educadora digital dentro da organização.

Outro marco importante foi a integração de Nina ao fluxo de abertura de chamados. Com uma simples interação via *chat*, o colaborador podia relatar um problema, receber uma tentativa de solução automatizada e, se necessário, ter o chamado aberto com as informações já preenchidas. Isso otimizou drasticamente o tempo dos analistas de suporte e eliminou etapas manuais, criando uma jornada de atendimento mais fluida e menos burocrática.

O envolvimento de diferentes áreas no treinamento da Nina também foi essencial para seu sucesso. Profissionais de segurança da informação, suporte técnico, comunicação interna e até usuários-chave participaram da curadoria do conteúdo, garantindo que a IA refletisse a linguagem, os processos e as prioridades do negócio. Com isso, Nina deixou de ser apenas uma assistente virtual para se tornar um símbolo da transformação digital da Nitro, mostrando que tecnologia e colaboração humana são a combinação mais poderosa para gerar valor real.

A Nitro queria alcançar mais eficiência operacional, autonomia para os colaboradores e uma experiência digital integrada. O objetivo era transformar a TI em um agente estratégico e inovador, capaz de apoiar o negócio não apenas com infraestrutura, mas com soluções inteligentes e automatizadas. A criação da Nina visava reduzir o número de chamados repetitivos, ampliar o acesso ao conhecimento técnico e garantir respostas rápidas e precisas, tudo isso promovendo uma jornada digital intuitiva e segura para todos os usuários.

A principal dor estava na alta demanda por suporte técnico sobre temas recorrentes e operacionais, como erros no Datasul, dúvidas sobre ferramentas Microsoft, acessos a sistemas e *links* corporativos. A equipe de TI era constantemente acionada para situações repetitivas, o que consumia tempo e dificultava o foco em projetos estratégicos. Além disso, o conhecimento institucional estava fragmentado entre planilhas, apresentações e arquivos dispersos, dificultando o acesso autônomo à informação.

As principais barreiras foram:

- **Integração tecnológica:** unir o Copilot com a API do ChatGPT e conectá-los à base interna de conhecimento exigiu arquitetura, testes e ajustes de segurança.
- **Curadoria de conteúdo:** estruturar e validar a base de dados com informações confiáveis, atualizadas e úteis para a atuação da Nina.
- **Cultura organizacional:** promover o uso da Nina como primeira opção de suporte, enfrentando a resistência natural a novas tecnologias.
- **Privacidade e segurança da informação:** garantir que nenhuma informação sensível fosse exposta nas interações com a IA.

Após uma fase inicial de adaptação, a recepção foi majoritariamente positiva. Muitos colaboradores viram valor imediato na agilidade das respostas, na facilidade de acesso a *links* e na centralização de informações. Os *feedbacks* apontaram que a Nina se tornou uma referência rápida e prática para dúvidas do dia a dia. A curiosidade com a inteligência artificial gerou engajamento espontâneo, principalmente entre os times mais digitais.

Alguns imprevistos enfrentados incluíram:

- Dificuldade de compreensão da linguagem natural em perguntas muito vagas ou mal formuladas.
- Respostas genéricas nos primeiros testes, devido a *gaps* de contexto ou falta de fontes internas refinadas.
- Conflitos de versões e arquivos desatualizados na base de conhecimento, que exigiram revisão contínua.

O time de tecnologia da Nitro já contava com profissionais de TI experientes, mas foi necessário montar uma célula específica de inovação com foco em IA.

Essa célula trabalhou em parceria com a equipe de suporte, segurança da informação e gestão do conhecimento. A inteligência artificial foi parte do time desde o início – não só como ferramenta, mas como protagonista do projeto, sendo treinada com a colaboração de diversos setores. Esse modelo de coconstrução entre humanos e IA foi chave para o sucesso da Nina.

9.1. A constatação do sucesso e as inovações da IA no *case* Nina

O sucesso da Nina foi evidente não apenas pelas métricas de performance, mas pela forma como a inteligência artificial transformou a cultura de atendimento e empoderamento digital dentro da Nitro. A Nina representou um divisor de águas no relacionamento entre os colaboradores e a tecnologia, demonstrando que inovação não é apenas sobre ferramentas, mas sobre gerar valor real para as pessoas.

Do ponto de vista tecnológico, a Nina foi construída como uma IA híbrida e contextual, integrando o poder de linguagem natural da API do ChatGPT com o Microsoft 365 Copilot e uma base curada de conhecimento interno. Essa união permitiu respostas mais precisas, personalizadas e orientadas ao negócio, com capacidade de aprender com os próprios usuários e se adaptar continuamente. Além disso, a IA foi programada para realizar abertura automática de chamados, roteamento inteligente para sistemas e orientação preventiva em cibersegurança, funções antes descentralizadas e majoritariamente manuais.

No cenário final do projeto, observou-se uma Nitro mais madura digitalmente. A mudança cultural foi profunda: colaboradores que antes dependiam exclusivamente do suporte humano agora acessavam a Nina como primeira fonte de informação, com autonomia e confiança. O uso da IA estimulou a busca por soluções ágeis, a colaboração entre áreas e a valorização do conhecimento interno como ativo estratégico. A TI, por sua vez, passou a atuar de forma mais consultiva e menos operacional, com uma redução média de 42% nos chamados de baixa complexidade em apenas três meses após o lançamento da Nina.

Em termos quantitativos, os resultados foram igualmente impressionantes. Mais de 1.800 interações registradas no primeiro trimestre, com uma taxa de resolução direta superior a 65% nas demandas de primeiro nível. O tempo médio de atendimento caiu de 12 minutos para 1 minuto e 30 segundos, e os chamados que exigiam intervenção humana já chegavam pré-categorizados, reduzindo em até 40% o tempo de análise técnica. O índice de satisfação dos usuários em relação ao atendimento digital superou os 90%, validando o impacto positivo da iniciativa.

Além disso, o projeto da Nina consolidou a visão da Nitro como uma empresa inovadora, ágil e centrada no colaborador, fortalecendo sua imagem interna e externa. O *case* passou a ser citado em reuniões estratégicas e inspirou outras áreas a adotar soluções baseadas em inteligência artificial, ampliando o alcance da transformação digital de forma transversal.

A jornada com a Nina foi uma experiência rica, transformadora e altamente estratégica para a Nitro. Muito mais que a implementação de uma assistente virtual, o projeto se tornou um exemplo prático de como a inteligência artificial, quando aplicada com propósito e alinhamento ao negócio, pode gerar impactos profundos na cultura, na operação e na percepção de valor da área de TI.

O grande acerto foi começar o projeto com base em um problema real e uma meta clara: reduzir o esforço operacional da TI e melhorar a experiência dos colaboradores com os sistemas internos. Ao focar inicialmente em temas recorrentes e críticos (como Datasul, abertura de chamados e *links* de sistemas), a adoção foi rápida e orgânica. Outro ponto essencial foi a combinação entre tecnologias consolidadas (Microsoft 365 Copilot) e emergentes (ChatGPT API), permitindo uma solução robusta, adaptável e com linguagem natural. A curadoria colaborativa da base de conhecimento – envolvendo profissionais de diversas áreas – foi um diferencial que garantiu relevância e credibilidade à Nina desde o início.

9.2. O que deu errado – e como foi mitigado

Como todo projeto de inovação, a implantação da Nina também teve desafios. No início, a IA apresentou respostas genéricas ou imprecisas para dúvidas complexas ou mal formuladas, gerando frustração em alguns usuários. Houve também dificuldades para manter a base de conhecimento sempre atualizada, o que causava ruído em orientações específicas.

Esses problemas foram mitigados com a criação de um processo de curadoria contínua, onde analistas revisavam interações, ajustavam a base e aprimoravam os *prompts*. Além disso, foi incluído um recurso de "reforço de contexto", em que a Nina passa a confirmar a intenção do usuário antes de responder algo sensível ou técnico. A campanha de comunicação interna também foi fundamental para alinhar expectativas, mostrando que a Nina era um apoio, e não uma substituição total do atendimento humano.

IA precisa de contexto, não apenas dados. Treinar uma assistente com base apenas em documentos não garante precisão. A proximidade com os usuários e a realidade operacional foi essencial.

Adotar IA é tão cultural quanto técnico. Foi necessário evangelizar, testar, adaptar e ouvir o usuário constantemente.

Começar simples é começar certo. Focar em dores reais e mensuráveis, como *links* perdidos ou erros no Datasul, acelerou a geração de valor e facilitou a prova de conceito.

Se pudéssemos recomeçar, teríamos estruturado desde o início um painel de indicadores em tempo real, para acompanhar a performance da Nina com mais precisão e agilidade. Também teríamos realizado rodadas de testes com usuários finais em menor escala, antes da liberação geral, para antecipar ajustes finos. E, por fim, já incluiríamos um *roadmap* de evolução da IA – incluindo integração com outros sistemas como RH, compras e *facilities* – para escalar a solução de forma planejada.

A implementação da Nina trouxe ganhos mensuráveis e percepções qualitativas poderosas:

- Além dos números, a Nina conquistou algo ainda mais valioso: a confiança dos usuários. Um dos depoimentos recebidos durante a avaliação foi: "antes eu ficava esperando alguém da TI me responder. Agora, com a Nina, resolvo quase tudo em um minuto. Parece mágica".

- Outro ganho imprevisto foi o uso da Nina em dinâmicas de *onboarding*, onde novos colaboradores são orientados sobre acessos, ferramentas e políticas digitais, com linguagem acessível e respostas instantâneas. Isso reduziu o tempo de ambientação e aumentou a autonomia dos recém-chegados.

A experiência com a Nina mostra que a inteligência artificial, quando aliada à empatia, à curadoria humana e à estratégia digital, é mais do que uma ferramenta: é uma catalisadora de mudança cultural e produtividade real. O *case* da Nitro inspira não só pelo resultado, mas pelo caminho percorrido – colaborativo, iterativo e centrado nas pessoas.

10. Transformando a jornada com IA - o caso da Expresso Figueiredo

HELBERT CARVALHO

Helbert é gerente de Tecnologia da Informação, natural de Belo Horizonte (MG), com mais de 15 anos de experiência na liderança de projetos estratégicos em ambientes corporativos. Ao longo de sua trajetória, atuou com tecnologia nos setores de varejo, saúde e logística, sempre com foco em inovação, eficiência operacional e transformação digital. Graduado em Sistemas de Informação e com MBA em Liderança, Inovação e Gestão, atua com foco em transformação digital, inovação, segurança da informação e governança de TI. Além de gestor, é também pesquisador e entusiasta do uso de inteligência artificial aplicada à saúde, tema que já o levou à publicação de artigos científicos na área.

Publicou recentemente um artigo científico na revista *Dataset Reports* destacando soluções preditivas para doenças crônicas. Sua vivência prática em hospitais e grupos de saúde reforça sua visão sistêmica sobre os desafios e oportunidades no uso da IA em ambientes críticos.

Na área de logística, destacou-se pela liderança em projetos de automação, rastreabilidade de cargas, análise de desempenho operacional e otimização de processos com uso de tecnologia. Sua atuação estratégica impactou diretamente a melhoria da produtividade, reduziu custos e aumentou a confiabilidade nos serviços prestados, sempre com foco em resultados mensuráveis.

É um entusiasta da educação continuada, da liderança colaborativa e da tecnologia como agente de transformação. Seu trabalho é guiado pelo propósito de tornar a tecnologia uma aliada essencial na melhoria da experiência de usuários, pacientes e clientes.

10.1. Apresentação da empresa

Fundado em 1960, o Grupo Figueiredo consolidou-se como referência nacional no transporte especializado de bobinas de aços planos e fio-máquina. Com mais de seis décadas de trajetória, a empresa tornou-se sinônimo de confiança, sendo reconhecida por sua atuação com segurança, qualidade e pontualidade no atendimento às maiores siderúrgicas do país.

A busca contínua por inovação e excelência operacional é uma marca registrada da organização. Um dos principais diferenciais do Grupo Figueiredo está na customização da frota, projetada especificamente para otimizar os processos de carga e descarga, eliminar avarias no transporte e mitigar os riscos de acidentes nas rodovias. Essa atenção ao detalhe técnico não apenas preserva a integridade da carga, como também reforça o compromisso da empresa com a segurança viária.

A operação é sustentada por uma forte estrutura de monitoramento. Todos os veículos são equipados com modernos sistemas de rastreamento, permitindo supervisão em tempo real 24 horas por dia. Esse controle garante aos clientes acesso imediato às informações logísticas, assegurando transparência e previsibilidade em todas as etapas da jornada.

Com atuação nas principais regiões industriais do Brasil (nordeste, sudeste e sul), o Grupo Figueiredo se destaca por sua capacidade de adaptação às demandas do mercado, aliando eficiência, agilidade e fidelidade no relacionamento com seus parceiros. Essa postura estratégica permitiu à empresa ocupar um lugar de destaque no segmento de transporte de cargas siderúrgicas, tornando-se um dos nomes mais respeitados do setor.

10.2. Abrangência do *case*

Na Expresso Figueiredo a digitalização dos processos logísticos sempre foi uma meta estratégica. No entanto, ao longo de 2023, percebemos uma crescente limitação operacional que impedia a plena escalada dos resultados: a dependência de interações humanas no processo de logística da frota, fechamento de viagens, solicitação de manutenções e comunicação com motoristas em campo. As dificuldades de resposta rápida, os erros de registro e a sobrecarga no atendimento geravam atrasos, perda de produtividade e insatisfação interna.

Nesse cenário, identificamos não apenas uma dor clara – a baixa escalabilidade operacional – mas também uma oportunidade valiosa: a adoção de inteligência artificial para automatizar partes críticas do processo logístico, transformando a forma como interagimos com nossos motoristas e como gerimos os dados das viagens.

10.3. Panorama atual da logística de bobinas

As operações com bobinas requerem planejamento logístico rigoroso. Essas cargas são volumosas, cilíndricas e muitas vezes pesam centenas de quilos, exigindo veículos adaptados, equipamentos de elevação especializados e profissionais treinados para evitar riscos de tombamento, esmagamento ou avarias.

O ciclo logístico das bobinas passa por etapas críticas: recebimento na planta, carregamento nos veículos, transporte com roteirização eficiente, descarga segura e armazenagem com rastreamento adequado. Contudo, os desafios persistem:

- Alta incidência de avarias no manuseio.
- Falta de rastreabilidade precisa da localização e da integridade da carga.

- Planejamento manual sujeito a erros.
- Ociosidade de motoristas aguardando definição de carga.

10.4. Percepção da dor e oportunidade

O maior desafio enfrentado pela transportadora era garantir que os motoristas não permanecessem parados, aguardando definição de carga ou roteirização de viagem. A ociosidade dos motoristas gerava prejuízos operacionais e financeiros, além de afetar diretamente a satisfação dos clientes e o desempenho da cadeia como um todo. Era comum que, ao concluírem uma entrega, os motoristas aguardassem horas até receberem uma nova programação de coleta, o que comprometia a produtividade e criava gargalos operacionais.

A dor era clara: a empresa precisava garantir fluxo contínuo e inteligente de coletas e entregas, reduzindo o tempo de espera entre as etapas da jornada. Ao analisar seus próprios dados históricos e operacionais, a equipe identificou uma oportunidade de transformação por meio da IA – integrando previsões de demanda, roteirização dinâmica, disponibilidade de motoristas e localização das cargas em tempo real.

10.5. O início da jornada

O projeto começou com a análise detalhada das janelas de ociosidade dos motoristas. Descobriu-se que, em média, cada motorista ficava parado de duas a três horas por dia útil, aguardando uma nova viagem. O objetivo passou a ser eliminar ou ao menos reduzir drasticamente esse tempo perdido.

Formou-se uma equipe multidisciplinar especializada em dados, automações e logística. O foco foi desenvolver modelos preditivos que, a partir de dados como localizações em tempo real, disponibilidade de carga, performance passada e padrões de comportamento dos clientes, pudessem indicar a próxima tarefa do motorista ainda durante a execução da atual.

Além disso, a roteirização deixou de ser estática. Um algoritmo de IA passou a recalcular continuamente a melhor rota com base em novos carregamentos, condições das vias, urgência da entrega e até previsão do tempo. Um painel inteligente foi integrado ao sistema de gestão da frota, permitindo que supervisores tivessem visibilidade total da movimentação e agissem proativamente.

Durante a implantação, houve receio de que os motoristas sentissem que estariam sob maior controle. A estratégia adotada foi mostrar como a IA aumentaria sua produtividade e reduziria a espera em pátios e postos. Também foram realizados treinamentos mostrando os benefícios da agilidade nos retornos e da previsibilidade de jornada.

Houve alguns desafios técnicos, como a integração com os sistemas legados e a latência da atualização de dados geográficos. Ambos foram resolvidos com ajustes na infraestrutura e na coleta de dados.

A seguir, um breve resumo de cada atividade automatizada.

10.5.1. Reconhecimento de imagens e visão computacional

Por meio de fotos registradas pelos celulares dos motoristas e sistemas de visão, foi possível automatizar a inspeção de bobinas. O software identifica arranhões, amassados, sujeiras ou má fixação, reduzindo falhas humanas e agilizando o controle de qualidade. Códigos QR e etiquetas são lidos automaticamente durante o fluxo logístico, garantindo rastreabilidade sem intervenção manual.

10.5.2. Roteirização inteligente e monitoramento

Sistemas de IA processam dados em tempo real – como localização dos veículos, tráfego, pedágios, previsões meteorológicas – e sugerem rotas mais seguras e eficientes, considerando as características da carga. Além disso, replanejam automaticamente em caso de imprevistos.

10.5.3. Agendamento e carga inteligente

IA também organizou o layout de carga nos veículos, considerando peso, centro de gravidade e ordem de entrega, garantindo que a carga seja posicionada de forma equilibrada, respeitando os limites de peso por eixo e prevenindo sobrecarga em áreas críticas do caminhão. Isso reduziu o tempo de carregamento, minimizou o risco de tombamento e proporcionou melhor aproveitamento da capacidade dos caminhões.

10.5.4. *Chatbots* e atendimento automatizado

Plataformas de IA conversacional auxiliam operadores e motoristas em tempo real, tirando dúvidas, informando *status* de entregas, realizando agendamentos e redirecionando tarefas conforme regras operacionais.

Alguns *bots* que auxiliam os motoristas:

- **Consulta de rotas e condições de trânsito:** informa melhores caminhos, evitando rodovias com restrições para veículos pesados ou indicando rotas com pedágios, postos etc.
- ***Status* de viagens e entregas:** atualizar o motorista sobre o andamento da entrega, o destino, o horário previsto de chegada, atrasos e ocorrências.
- ***Checkist* de pré-viagem:** guiar o motorista na verificação obrigatória (freio, pneus, documentos etc.), confirmando o envio dessas informações para o sistema.
- **Acompanhamento da jornada de trabalho:** avisar sobre pausas obrigatórias, controle de horas dirigidas, horário de repouso (segundo a Lei do Motorista).
- **Registro de ocorrências:** facilita o envio de mensagens ou fotos sobre problemas na estrada, acidentes, avarias ou recusas de carga.

- **Envio de comprovantes (ex.: canhotos, fotos, documentos):** recebe a imagem direto do celular e anexa no sistema ERP/TMS.
- **Dúvidas sobre documentação:** orientações sobre o que é necessário sobre determinada carga (nota fiscal, manifesto etc.).
- **Agendamentos automatizados:** permitir que o motorista agende horário de carga/descarga ou lavagem do veículo diretamente pelo *chat*.
- **Alertas de manutenção preventiva:** notificar sobre revisões, trocas de óleo, inspeção de pneus com base na quilometragem ou tempo.

10.5.5. Análise de dados operacionais

Dashboards inteligentes impulsionados por inteligência artificial (IA) têm se tornado ferramentas essenciais para empresas de logística que lidam com o transporte de bobinas metálicas. Essas soluções são capazes de processar automaticamente grandes volumes de dados operacionais, identificar padrões fora do esperado e gerar *insights* valiosos em tempo real.

Entre os principais benefícios, destacam-se análises preditivas e diagnósticas, como:

- **Aumento de avarias em uma determinada filial**, permitindo ações corretivas rápidas, como revisão de processos de manuseio e melhorias nos treinamentos operacionais.
- **Crescimento do tempo ocioso por turno**, o que possibilita o redimensionamento de equipes ou readequação de escalas de trabalho.
- **Tempo elevado de descarga em clientes específicos**, cuja análise possibilitou à empresa negociar condições logísticas com fornecedores e clientes, resultando em entregas mais ágeis e com menor incidência de avarias.

Outro exemplo de aplicação envolve a gestão da frota, em que a IA avalia dados como quilometragem percorrida, histórico de revisões e incidentes mecânicos. Com isso, o sistema consegue apontar quais veículos estão mais propensos a falhas e devem ser substituídos ou vendidos, otimizando o ciclo de vida da frota e reduzindo custos com manutenção corretiva.

Esses *dashboards* também favorecem a tomada de decisão estratégica, oferecendo uma visão unificada e preditiva sobre a operação. A IA detecta anomalias, projeta tendências e sugere ações, contribuindo para uma logística mais eficiente, segura e rentável – fatores especialmente críticos no transporte de cargas de alto valor e sensibilidade, como bobinas.

10.5.6. Jornada digital integrada com a Lei do Motorista

A empresa também desenvolveu o **aplicativo Jornada**, uma solução móvel inovadora projetada para atender às exigências legais da profissão de motorista, especialmente em conformidade com a **Lei nº 13.103/2015**, conhecida como Lei do Motorista (BRASIL, 2015). O sistema realiza o monitoramento automático do tempo de direção, pausas obrigatórias, repouso noturno e controle completo da jornada de trabalho, prevenindo infrações e promovendo a segurança dos condutores e da operação logística como um todo.

Potencializado por algoritmos de IA, o aplicativo, além de registrar os dados em tempo real, também antecipa sugestões inteligentes de paradas, otimiza o planejamento da jornada diária e envia alertas preventivos, garantindo a conformidade legal e aumentando a eficiência operacional.

Além do controle de jornada, o aplicativo oferece um conjunto de funcionalidades inteligentes que centralizam a comunicação entre o motorista e o sistema de gestão da transportadora:

- **Registro de abastecimentos** por meio da captura da imagem dos cupons fiscais. A IA valida a autenticidade do documento, extrai os dados relevantes e calcula automaticamente os custos envolvidos.

- **Solicitação de manutenções mecânicas ou de pneus**, permitindo maior agilidade no atendimento a falhas e prevenindo que pequenos problemas evoluam para paradas operacionais graves.
- **Pedido de reembolso por lavagem veicular**, em que algoritmos de reconhecimento de imagem avaliam se o veículo realmente foi limpo, com base nas fotos enviadas pelo motorista.
- **Envio de comprovantes de entrega**, com validação automática por IA, que identifica o tipo de material entregue e registra as informações no sistema logístico.
- **Leitura de tacógrafos** por imagem, utilizando visão computacional para interpretar os dados das fitas impressas e identificar infrações como excesso de velocidade ou tempo de direção acima do permitido.

Com essa abordagem tecnológica, o aplicativo Jornada transforma o cotidiano dos motoristas em uma experiência mais segura, integrada e orientada por dados. Ao automatizar tarefas operacionais e garantir o cumprimento da legislação, o sistema contribui diretamente para a redução de riscos, o aumento da produtividade e a melhoria contínua da gestão logística.

10.5.7. Programação de cargas

Por meio de tecnologias de Automação Robótica de Processos (RPA – *Robotic Process Automation*), a empresa implementou um fluxo inteligente e totalmente integrado para o gerenciamento de viagens de carga. Robôs automatizados monitoram a disponibilidade de cargas nos portais das usinas. Assim que uma nova carga é identificada, as informações são enviadas automaticamente ao motorista por meio do aplicativo Jornada.

Em seguida, o sistema realiza a emissão e liberação automática da documentação necessária, como o Conhecimento de Transporte Eletrônico (CTe), de forma ágil e sem intervenção manual. Na sequência, é iniciado o processo de faturamento no ERP, garantindo a rastreabilidade e a conformidade fiscal da operação.

Por fim, novos robôs são acionados para auxiliar o motorista no início da próxima viagem, conduzindo-o por um processo automatizado que reduz o tempo de espera, melhora a experiência do condutor e aumenta a eficiência da operação logística como um todo.

10.5.8. Conferência de faturas de pedágio

Ao receber a fatura de cobrança de pedágios por meio das *tags* eletrônicas (como Sem Parar) instaladas nos veículos da frota, robôs de RPA entram em ação para validar automaticamente a correção dos lançamentos.

O sistema verifica:

- se o veículo realmente pertence à frota da empresa;
- se o trajeto informado na cobrança condiz com o roteiro percorrido;
- a quantidade de eixos do veículo registrada na passagem;
- e demais variáveis técnicas relevantes para validação da tarifa.

Caso sejam detectadas inconsistências (como cobranças indevidas, duplicadas ou com dados divergentes), os robôs geram alertas automáticos para o setor financeiro, que então realiza os devidos questionamentos junto ao prestador do serviço.

Quando todas as validações são concluídas e a fatura é considerada correta, o valor é integrado automaticamente ao ERP, gerando o respectivo lançamento no módulo de Contas a Pagar, com rastreabilidade e conformidade fiscal garantidas.

10.6. Resultados e inovações observadas

Os resultados foram rapidamente percebidos. Com a IA atuando em tempo real na gestão das janelas logísticas, o tempo médio de espera entre uma tarefa e outra caiu de 2h40 para apenas 35 minutos. Isso representou um ganho operacional superior a 70% na utilização dos motoristas.

Outros ganhos incluíram:

- Aumento de 38% na produtividade de entregas por motorista/dia.
- Redução de 25% nos custos com combustível (devido à melhor roteirização).
- Aumento na satisfação dos motoristas, refletido em pesquisa interna de clima com salto de 18 pontos.
- Melhoria de 35% nos prazos médios de entrega.
- Mais de 18.000 horas economizadas (*FTE savings*).
- Economia superior a R$ 180 mil com ganhos operacionais.
- Prevenção de perdas por erro humano superior a R$ 100 mil.
- Redução de 15% na fatura com gastos em pedágios com IA auxiliando no planejamento.

Do ponto de vista cultural, a empresa passou a adotar uma postura mais orientada a dados, com decisões logísticas baseadas em indicadores e previsões geradas pela IA. Isso aumentou a confiança na operação e reduziu significativamente o retrabalho causado por falhas no planejamento manual.

10.7. Lições aprendidas e caminho futuro

O maior acerto foi o foco na dor real do negócio: motoristas parados. A IA foi usada para resolver um problema prático e urgente, com impacto direto no fluxo operacional e nos resultados financeiros. A abordagem incremental – começando com testes em regiões específicas e depois expandindo – também ajudou a validar os modelos e a gerar aderência nas equipes.

Entre os erros, destacam-se a demora inicial na coleta de dados confiáveis e a dificuldade de integração com sistemas legados. Ambos foram superados com investimento em infraestrutura e adaptação de APIs.

Se fosse para recomeçar, a empresa teria acelerado a etapa de diagnóstico técnico, antecipando os desafios de integração e maturidade dos dados.

A adoção da IA enfrenta alguns entraves:

- Resistência de equipes à automação.
- Qualidade e estruturação dos dados históricos.
- Integração com sistemas legados.

Superar esses desafios exige liderança comprometida, visão estratégica e acompanhamento próximo do processo de inovação.

10.8. Tecnologias e equipe

Possuímos as principais tecnologias de mercado para criação de automações:

- Botcity
- Power Platform Microsoft
- Fluig e ERP Protheus
- Aplicações em Python

Atuamos com um time enxuto; uma *squad* de quatro desenvolvedores de novas automações e outra *squad* de três pessoas responsável pelo suporte e pela sustentação das automações entregues em ambiente produtivo.

Gostaria de destacar a importância de ter profissionais com conhecimento em Python tanto nas áreas de negócio quanto na de TI para evolução dos projetos de inteligência artificial.

A linguagem Python se consolidou como uma das principais ferramentas no desenvolvimento de soluções de IA devido à sua simplicidade, versatilidade e vasta comunidade de suporte. Ter profissionais com domínio em Python é um diferencial estratégico para equipes de TI que buscam desenvolver, escalar e manter projetos de IA de forma eficiente.

1. **Acesso a bibliotecas poderosas:** Python oferece um ecossistema rico de bibliotecas específicas para IA, como TensorFlow, PyTorch, Scikit-learn, Keras, OpenCV e NLTK. Profissionais que dominam essas ferramentas conseguem prototipar e implantar modelos complexos com maior agilidade.

2. **Integração com sistemas e plataformas:** Python possui excelente capacidade de integração com bancos de dados, APIs, sistemas embarcados, aplicações *web* e serviços em nuvem. Isso facilita a incorporação de modelos de IA em ambientes corporativos diversos, reduzindo custos de adaptação e aumentando a interoperabilidade.

3. **Leitura e manutenção facilitadas:** sua sintaxe limpa e legível permite que equipes multidisciplinares (cientistas de dados, desenvolvedores, analistas) compreendam facilmente os projetos, promovendo colaboração, revisão de código e manutenção contínua dos algoritmos de IA.

4. **Suporte a prototipagem rápida:** em contextos de inovação e pesquisa aplicada, a velocidade na validação de hipóteses é essencial. Python permite desenvolver provas de conceito e MVPs (mínimos produtos viáveis) com rapidez, reduzindo o *time-to-market* de soluções baseadas em IA.

5. **Compatibilidade com ambientes de produção:** além de ser usada em pesquisas e prototipagem, a linguagem Python também é robusta o suficiente para uso em produção, seja em microsserviços, aplicações *web* ou *pipelines* de dados em larga escala.

6. **Formação contínua e comunidade ativa:** a popularidade da linguagem assegura uma ampla disponibilidade de materiais didáticos, cursos, fóruns e comunidades. Isso favorece o aprendizado contínuo e a resolução rápida de problemas, fatores críticos em projetos de IA que estão em constante evolução.

10.8.1. Futuro da IA na logística de cargas pesadas

O avanço da IA na logística aponta para aplicações cada vez mais autônomas e conectadas:

- **IoT + IA:** sensores embarcados nas bobinas transmitindo dados de temperatura, vibração e posicionamento em tempo real.
- **Veículos autônomos e drones:** monitoramento de pátios, inventário automatizado, inspeção remota.
- **Gêmeos digitais (*digital twins*):** simulações digitais de operações logísticas para testar cenários e otimizar decisões futuras.
- **RAG + GPT[1]:** uso de GPTs para leitura e análise de documentos internos, promovendo respostas por *bots* aos setores administrativos e para os motoristas.

---

[1] *Retrieval-Augmented Generation + Generative Pre-trained Transformer.*

11.

Case Extreme Digital Solution: quando a IA enxerga o que a produção não vê

LUIZ EDUARDO LABRIOLA

Luiz é uma autoridade quando o assunto é transformação ágil e digital. Com mais de 15 anos de experiência, ele tem liderado processos de inovação em grandes organizações, sempre com foco em resultados práticos e eficientes. Atualmente, como *Delivery Manager* na RADIX, conduz iniciativas globais de digital, levando empresas a novos patamares de competitividade.

Possui uma sólida formação acadêmica, com Mestrado e Bacharelado em Engenharia de Produção pelo CEFET-RJ, além de um MBA em Gestão de Projetos pela FGV. Sua experiência internacional, com intercâmbio na Alemanha, amplia sua visão de mercado e estratégia. Autor de livros sobre experiência do cliente e transformação digital, ele também leciona em programas de MBA em instituições renomadas como FGV, IBMEC e PUC, além de palestrar em eventos importantes sobre agilidade e gestão de projetos. Sua trajetória comprova sua autoridade, tornando-o uma referência para aqueles que buscam inovação e agilidade nos negócios.

11.1. Quando tudo parece normal... até não ser mais

Imagine que você acorda achando que é só mais um dia comum. O despertador toca. Você se espreguiça, checa o celular ainda de olhos semicerrados. Levanta, toma banho, acorda seus filhos, prepara o café da manhã, organiza as mochilas e segue a rotina que se repete quase automaticamente.

Lá fora o trânsito é o mesmo de sempre. O café tem o mesmo cheiro reconfortante. O rádio no carro toca uma música familiar. Tudo indica que será mais um dia previsível.

Você nem percebe, mas já entrou no modo automático da vida – aquele piloto invisível que nos conduz do ponto A ao ponto B sem esforço consciente.

Tudo funciona. Até que, de repente... não funciona mais.

Uma mensagem fora de hora. Uma ligação inesperada. Uma urgência que desmonta o roteiro.

Em minutos, o que era só mais um dia comum vira um terremoto silencioso, e você nem sabe exatamente quando ou onde tudo começou a sair do lugar.

Agora, transporte esse sentimento para dentro de uma planta industrial – mas não qualquer planta. Imagine uma grande empresa global do setor petroquímico, com operações distribuídas por vários países, lidando com matérias-primas sensíveis, processos rigorosos, protocolos de segurança exigentes e margens de erro mínimas.

O que acontece quando, nesse ambiente de altíssima complexidade, algo pequeno sai do padrão e ninguém percebe a tempo? As máquinas estavam funcionando. Os supervisores nos seus postos. Os procedimentos seguidos. Os relatórios, preenchidos. Tudo parecia estar sob controle – até que, de forma abrupta, a produção parou.

Foi assim que tudo começou. Essa é a história do projeto que você está prestes a conhecer. Uma história real, com pessoas reais, num cenário onde o que não é visto pode custar muito mais do que dinheiro. Pode custar segurança, credibilidade, tempo – e a confiança no sistema. Aqui, aprendemos da forma mais dura que monitorar não é o suficiente. É preciso enxergar. De verdade.

11.2. O convite ao invisível

Imagine um cenário industrial onde tudo segue um protocolo rigoroso: fórmulas precisas, controles triplicados, automatização e redundância. Agora imagine que, mesmo assim, algo dá errado – e o plano de riscos precisa ser acionado em sua forma mais severa.

Foi exatamente isso que aconteceu.

Um operador, por erro humano, inseriu matérias-primas diferentes daquelas previstas no sistema de produção. Um detalhe, uma distração, um desvio sutil – mas o suficiente para acionar uma reação em cadeia: paralisação total da linha, evacuação da fábrica, acionamento da polícia, bombeiros e autoridades ambientais.

O impacto foi brutal – operacionalmente, economicamente, emocionalmente.

E foi ali, no meio do caos, que a pergunta que guiaria todo o projeto surgiu com força: como enxergar o que a operação não consegue ver, 24 horas por dia, além do olho humano?

11.3. Liderar IA é diferente de liderar software

Eu já havia liderado projetos com inteligência artificial antes, mas este era diferente. Era colocar a IA no centro da decisão operacional, em um ambiente real, crítico, onde cada minuto parado custava muito e cada falha podia ser irreversível.

Nesse ponto, aprendi uma lição que mudou minha forma de liderar: liderar desenvolvedores é uma coisa. Liderar cientistas de dados é outra completamente diferente.

O desenvolvimento de sistemas tradicionais opera em um mundo de escopo claro, lógica determinística, etapas previsíveis. Já a inteligência artificial – especialmente a visão computacional – vive no terreno da probabilidade, da ambiguidade e da experimentação contínua.

Aqui, estamos lidando com uma especialização profunda da ciência de dados, onde modelos precisam interpretar não apenas códigos ou textos, mas imagens em movimento, contextos visuais complexos, padrões de comportamento – e tudo isso em tempo real, sob pressão e com risco industrial envolvido.

11.4. O problema real nunca foi a IA. Era a pergunta

Assumir esse projeto não significou apenas treinar um modelo como o YOLO (*You Only Look Once*), que explico mais adiante. Significou conduzir uma equipe inteira a fazer boas perguntas.

Esse foi, sem dúvida, um dos maiores aprendizados da jornada: em IA, uma pergunta mal formulada gera uma resposta sofisticadamente inútil.

Em diversas sessões, precisei reunir engenheiros, cientistas e operadores para alinharmos questões fundamentais como:

- O que exatamente estamos tentando prevenir?
- Como sabemos que um comportamento está fora do padrão?
- O que é, de fato, um "erro" nesse contexto?
- E mais importante: o que é um falso positivo? E um falso negativo?

À primeira vista, essas perguntas parecem simples. Mas não são. No início, nossos modelos detectavam tudo, exceto o que realmente importava. Era como treinar um vigia que alertava quando alguém estava de boné, mas não percebia que a pessoa havia esquecido o capacete.

O desafio não era fazer a máquina enxergar; era fazer a equipe pensar sobre o que realmente precisava ser visto.

11.5. Como a IA entrou em campo

Depois de entender o problema com profundidade e alinhar as perguntas certas, chegou o momento de agir. Redesenhamos a estratégia do projeto do zero. E dividimos a execução em três fases essenciais, cada uma com seu próprio desafio técnico e humano.

11.5.1. Fase 1: mapeamento e captura do mundo real

Nada de simulações. A primeira etapa foi encarar a realidade como ela é, com imperfeições, improvisos e exceções. Instalamos câmeras em pontos críticos da planta e começamos a capturar milhares de horas de operação real, sem roteiros. Cada imagem era uma peça de um quebra-cabeça que, no futuro, permitiria à IA compreender o que é esperado e o que é desvio.

Esse processo exigiu paciência, precisão e respeito ao contexto da operação. Afinal, estávamos treinando uma máquina para enxergar um mundo que só os humanos conhecem, mas muitas vezes deixam passar.

11.5.2. Fase 2: treinamento do modelo com YOLO

Com a base de dados em mãos, iniciamos o treinamento do modelo de visão computacional utilizando YOLO (*You Only Look Once*), um dos algoritmos mais eficazes para detecção de objetos em tempo real.

Ensinamos o modelo a identificar, por exemplo:

- ausência de EPI em áreas obrigatórias;
- materiais errados sendo despejados em tanques;
- presença indevida em zonas restritas.

Era como ensinar uma nova forma de consciência visual à operação – uma IA que aprende a distinguir o comum do crítico, o seguro do arriscado, o correto do potencialmente catastrófico.

11.6. O novo problema: quando a IA revela o que ninguém queria ver

Quando colocamos o sistema em produção, os dados começaram a falar. E falavam alto.

As métricas apontavam alertas críticos com frequência preocupante. Inicialmente, a reação foi natural: "o que está acontecendo?" Será que havia algo errado com o modelo? Com os sensores? Com a lógica da IA?

Mas a resposta estava em outro lugar – mais próximo do chão do que do código. A verdade é que o processo simplesmente não era seguido pelos operadores.

O que a IA estava capturando, na prática, era a ruptura entre o processo ideal (o que estava no papel) e o processo real (o que acontecia no dia a dia). Por ser um projeto global, com times distribuídos, não havíamos feito uma visita técnica detalhada nem conduzido um *walkthrough* completo com os operadores locais.

Assumimos que o que nos foi descrito era o que realmente acontecia. E essa suposição custou caro.

11.7. O desafio cultural: como mudar o hábito de quem faz a mesma coisa há anos?

Diante disso, surgiu uma nova e inesperada pergunta: como treinar operadores que executam a mesma tarefa há anos – do jeito deles – para se adequar a um processo redesenhado por uma IA?

A resposta foi dura: precisávamos dar um passo atrás.

O projeto era inovador, a arquitetura técnica era sofisticada, os modelos estavam bem treinados. Mas havia um desequilíbrio perigoso: focamos tanto na tecnologia que esquecemos de validar com profundidade o ponto de vista do usuário final.

Essa foi, sem dúvida, uma das maiores lições aprendidas: não adianta a IA saber o que fazer se o ser humano envolvido não reconhece o processo como seu.

Impactos e ajustes

Não vou entrar nos detalhes de bastidores, mas, como qualquer consultoria que trabalha com escopo, tempo e margem, esse desvio gerou impactos concretos:

- Replanejamento de etapas.
- Extensão do cronograma.
- Explicações difíceis para a gestão.

Foi um choque de realidade, mas também uma oportunidade de amadurecimento. Voltamos às etapas de design, envolvemos mais diretamente os operadores no redesenho do fluxo e estabelecemos rituais de validação contínua com a área operacional.

A tecnologia não mudou. Mas o projeto, sim – porque finalmente passou a refletir o que realmente acontece na vida real.

11.7.1. Fase 3: a interface que trouxe a IA para o chão de fábrica

Com o modelo treinado e validado, chegou a hora de integrar tudo à rotina da operação. Desenvolvemos uma interface com realidade aumentada, que projetava alertas visuais em tempo real em *tablets* ou *smart glasses.*

Operadores da sala de controle passaram a ter uma visão contínua e inteligente da planta – um verdadeiro "*big brother* industrial" funcionando 24 horas por dia, com detecção instantânea de comportamentos inesperados.

Mas, diferentemente de um sistema frio e passivo, essa IA agiu. Ela não apenas alertava: indicava o ponto exato do problema, o tipo de desvio e o grau de risco, oferecendo apoio direto à tomada de decisão naquele instante.

A IA, antes invisível, agora era parte ativa da equipe.

11.8. O que deu certo e o que deu trabalho

O maior acerto foi ter posicionado a IA como parceira da produção. Um sistema que cuida, não que pune.

O maior erro foi ter subestimado o tempo necessário para "ensinar" o negócio a fazer boas perguntas. Perdemos tempo no início testando modelos com objetivos soltos. Faltava clareza. Faltava foco. Faltava tradução entre o técnico e o tático.

Corrigimos com imersões, prototipação rápida e, sobretudo, com escuta. Fui pessoalmente para o campo, conversei com operadores, ouvi dores reais. E levei essas histórias para dentro da arquitetura do modelo.

11.9. Lições aprendidas

- IA só funciona quando a pergunta certa é feita.
- Visão computacional exige mais do que código: exige sensibilidade sobre o contexto.
- Cientistas de dados precisam ser liderados com liberdade, mas também com direção.
- A adoção da tecnologia é mais cultural do que técnica.

11.10. Antes e depois da IA

Antes:

- Falhas não percebidas até que fosse tarde demais.
- Produção vulnerável e pessoas expostas.
- Equipes pressionadas, reativas, sobrecarregadas.
- Risco constante à reputação e aos indicadores.

Depois:

- Monitoramento preventivo e correções em tempo real.
- Ambiente mais seguro e produtivo.
- Cultura orientada por dados visuais e evidências.
- Equipes mais alinhadas, seguras e confiantes.

Liderar esse projeto me transformou como profissional. Não foi só sobre tecnologia. Foi sobre responsabilidade, cuidado e visão, no sentido mais humano da palavra.

Quando conseguimos ensinar a inteligência artificial a ver o que a operação não via, não estávamos apenas resolvendo um problema técnico. Estávamos criando um novo jeito de trabalhar, mais inteligente, mais ágil e mais seguro.

E isso, definitivamente, vale a pena compartilhar.

12. *Case* Grupo Educacional: a transformação da comunicação em projetos com IA

CHRISTIAN MOURA

Christian Moura é gerente de TI com experiência em liderar projetos estratégicos, especialmente nas áreas de integração de sistemas, dados educacionais e automação de processos. Atua com metodologias ágeis, transformando desafios em soluções eficientes e colaborativas. É apaixonado por inovação, formação de equipes de alta performance e pelo uso da tecnologia como ferramenta de impacto social.

12.1. Introdução – Automação com propósito

Logo nos meus primeiros meses no grupo educacional em que trabalhei, percebi algo que ia muito além da tecnologia: havia uma falsa sensação de controle nos projetos. As pessoas estavam trabalhando, entregando, se reunindo, mas eu, como gestor, precisava correr atrás das informações o tempo todo. Era como se as peças estivessem todas ali, mas desconectadas. E isso me gerava uma dúvida constante:

"Será que sabemos realmente onde cada coisa está?"

As decisões estavam sendo tomadas com base em conversas paralelas, trocas de e-mails e muitas vezes dependiam da lembrança de alguém sobre uma determinada tarefa. Não era incomum eu precisar montar, quase manualmente, um mapa da situação real com base em pequenos trechos de informação espalhados em canais diferentes. Esse cenário revelava um gargalo grave: a comunicação não era visível nem confiável em tempo real.

Foi nesse contexto que percebi uma oportunidade concreta: e se, em vez de correr atrás das informações, elas viessem até nós? Se os dados do projeto fossem apresentados de forma automatizada, com clareza e recorrência, poderíamos evitar retrabalhos, reduzir ruídos e, mais importante, tomar decisões com segurança.

Essa percepção se tornou o ponto de partida de um projeto de transformação silenciosa, porém profunda. A ideia era aplicar tecnologia de forma estratégica, usando a inteligência artificial e a automação para dar transparência, agilidade e previsibilidade aos projetos. Não se tratava apenas de digitalizar um processo, mas de influenciar a cultura de como as equipes se comunicavam e se organizavam em torno de um objetivo comum.

12.2. Identificando a oportunidade em meio ao caos

O crescimento do grupo educacional trouxe consigo um desafio enorme: integrar diversos colégios, equipes e fluxos operacionais sem perder o controle da execução. Em meio a tantos projetos simultâneos,quando cheguei, percebi que a comunicação entre as áreas, especialmente entre TI e Gestão Financeira, era um dos principais gargalos da operação. As entregas aconteciam, mas quase sempre acompanhadas de correções de última hora, redefinições de escopo e retrabalho. Faltava previsibilidade. Faltava visibilidade.

A primeira pista de que havia algo estruturalmente errado surgiu em um simples e-mail. Três áreas envolvidas em um mesmo projeto tinham entendimentos diferentes sobre prazos e responsabilidades. Naquele momento, entendi que o problema não era apenas uma falha pontual de comunicação: era a ausência de um sistema funcional de acompanhamento. Não sabíamos exatamente o que estava sendo feito, por quem, com qual prioridade, e isso, para qualquer gestão, é um risco invisível e contínuo.

Comecei então com o que estava ao meu alcance. Mapeei entregas, prazos e responsáveis de forma manual, criando uma base inicial de rastreabilidade. A partir disso, construí *dashboards* simples com o Looker Studio, ou mesmo usando Jira, que me ajudavam a ter uma visão clara dos projetos em andamento. A intenção era transformar informações dispersas em dados acessíveis, compartilháveis e acionáveis. Sem perceber, eu já estava desenhando uma nova forma de gerenciar a operação.

Na prática, a gestão de projetos da empresa ainda era majoritariamente baseada em planilhas Excel. Embora funcionais, elas limitavam o nível de controle, dificultavam a visualização estratégica e criavam dependência de pessoas para atualizações manuais. Como eu já utilizava o Jira com minha equipe, sugeri à equipe de integração que testasse a ferramenta. A reação inicial foi de resistência, por desconhecimento, receio da mudança e preocupações com licenças, parametrizações e curva de aprendizado.

Ainda assim, seguimos com fluxos paralelos: eles seguiam com suas planilhas, e eu organizava o que podia no Jira. As reuniões semanais continuavam acontecendo, mas eram consumidas por atualizações operacionais que drenavam tempo e energia. Aquilo reforçou minha percepção de que a informação precisava fluir de forma mais inteligente. Foi então que me perguntei: como entregar visibilidade de forma clara, objetiva e sem depender da reunião para isso?

A resposta veio da observação do meu próprio time, que sabia da munha organização, mas queria que eu buscasse a informação com as outras equipes. Eu já acompanhava tarefas com cuidado, mapeava gargalos, revisava etapas e conversava constantemente com a equipe. Percebi que poderia aplicar a mesma lógica de acompanhamento aos demais times, desde que usasse uma linguagem e um canal acessível a todos. A escolha natural foi o e-mail. Todos já usavam, não exigia treinamento e permitia uma comunicação clara, recorrente e padronizada.

Desenvolvi, então, uma automação que extraía semanalmente do Jira as tarefas sob responsabilidade da equipe de integração. O e-mail trazia *status*, prioridade e uma visão por fases (feito, em andamento, pendente). O disparo acontecia sempre às quartas-feiras, criando um ritmo para que, ao final da semana, todos soubessem o que havia avançado e o que demandava atenção. Quando mostrei o modelo à equipe, a resposta foi imediata:

"Isso ajuda demais!"

A partir daí, ajustei a automação para atender às demandas específicas dos projetos em andamento. O impacto foi claro: as reuniões deixaram de ser operacionais e passaram a focar em decisões e resolução de problemas. A comunicação ficou fluida, previsível e útil. Mais do que uma automação técnica, aquilo se tornou um novo modelo mental de gestão: simples, acessível e efetivo. E tudo isso nasceu de uma dor real, tratada com propósito, sensibilidade e inteligência aplicada.

12.3. Mais do que uma meta da empresa, um compromisso pessoal com a entrega

Diferentemente de muitos projetos que nascem de metas institucionais ou de demandas diretas da alta gestão, essa iniciativa partiu de uma inquietação pessoal. Quando cheguei ao grupo educacional, percebi que não existia um modelo claro de gestão de projetos que garantisse visibilidade real sobre o andamento das atividades. As pessoas sabiam o que estavam fazendo, sabiam o que precisava ser entregue, mas não tinham certeza sobre em que fase o projeto estava, quais ações haviam sido concluídas e o que ainda precisava ser feito.

Não se tratava de falta de competência técnica. Pelo contrário, eu trabalhava com profissionais muito qualificados. Mas mesmo eles, em várias ocasiões, me perguntavam:

"Christian, em que momento estamos?

Já passamos para a próxima fase?

Está tudo certo com aquela entrega?"

A repetição dessas perguntas me mostrou que havia um problema silencioso: a ausência de um canal de comunicação estruturado e constante sobre o *status* dos projetos.

Diante disso, não esperei que a empresa me pedisse uma solução. Decidi agir. Queria oferecer algo mais, uma entrega além da expectativa, que tornasse os projetos mais transparentes, rastreáveis e fáceis de conduzir. Sabia que, se tivéssemos um acompanhamento bem construído, com uma comunicação clara e ágil, os resultados viriam naturalmente.

Essa motivação pessoal deu origem à automação de *status* e acompanhamento dos projetos. A iniciativa teve uma aceitação tão positiva que chegou a despertar o interesse da própria equipe de integração em adotar o Jira oficialmente, inclusive pleiteando licenças para uso próprio. Mais do que isso, a ideia chegou a ganhar corpo como um modelo que poderia ser aplicado para todas as áreas da empresa, com cada setor recebendo seu próprio e-mail de acompanhamento semanal.

Embora essa expansão geral não tenha avançado por fatores fora do meu controle, o simples fato de a ideia ter gerado esse movimento já foi uma conquista. Mostrou que era possível entregar mais, transformar a cultura e gerar impacto positivo mesmo sem uma diretriz oficial. Às vezes, tudo começa com a vontade de resolver um problema da forma certa.

12.4. A dor que ninguém apontava, mas que impactava diretamente os resultados

Diferentemente de outros projetos em que a dor do negócio é clara, tangível e reconhecida por todos, esse *case* nasceu de um tipo de problema mais silencioso: a ausência de uma dor declarada, mas com efeitos reais na entrega.

O objetivo da empresa era claro: realizar a integração de colégios recém-adquiridos ou incorporados à rede em um prazo máximo de 30 dias. A entrega precisava acontecer, com ou sem ruído interno. E acontecia. Mas o ponto central era: com que qualidade? Com quanto retrabalho? Com quanta previsibilidade?

Na prática, o que eu via era que faltava uma estrutura formal de gestão de projeto e, principalmente, um modelo de comunicação confiável sobre o andamento das ações. Como não havia visibilidade clara dos *status*, nem um controle compartilhado, as decisões eram tomadas com base em percepções ou lembranças individuais.

Houve casos em que o projeto foi entregue dentro do prazo, mas com pendências críticas. Atividades foram concluídas às pressas, outras foram esquecidas e reativadas depois. Não por má-fé ou negligência, mas porque faltava um processo de acompanhamento contínuo, um *status report* vivo e visível para todos os envolvidos.

Foi exatamente isso que me motivou a pensar em automação. Não para substituir reuniões ou eliminar interação humana, mas para criar um canal constante de atualização, algo que mantivesse todos alinhados sem depender da memória ou da disponibilidade de alguém.

Lembro de situações em que eu precisava perguntar pessoalmente, várias vezes:

"Você viu o e-mail?"

"Em que momento estamos na sua tarefa?"

"Faltam quais entregas?"

A comunicação era baseada em buscas ativas, quando deveria ser um fluxo natural e automático de informações.

A dor não estava nos indicadores do negócio. A dor estava na operação, na cultura, na ausência de estrutura. E mesmo que não fosse reconhecida formalmente pela empresa, eu enxergava os impactos todos os dias – e foi por isso que decidi agir.

12.5. As barreiras: romper com a cultura da informalidade

Toda vez que se propõe algo novo dentro de uma organização, é natural encontrar resistência. E com esse projeto não foi diferente. Na verdade, talvez a principal barreira não tenha sido tecnológica, mas cultural e comportamental. O grupo educacional já contava com um processo interno estabelecido para conduzir as integrações de colégios. Ainda que esse modelo não fosse formalizado com ferramentas específicas, ele já tinha o "jeito" da casa, a dinâmica já aceita, e propor uma mudança nisso exigia sensibilidade.

A primeira barreira veio exatamente da tentativa de alterar esse fluxo. Ao sugerir uma nova abordagem, baseada em automação e inteligência artificial, toquei diretamente em um ponto delicado: a forma como os projetos sempre foram feitos. Muitos colaboradores estavam acostumados com reuniões manuais, planilha de Excel e confiança mútua baseada em comunicação direta. Inserir um novo modelo, mais estruturado, mais técnico e com automações programadas, gerava desconforto.

Além disso, havia um componente ainda mais sensível: a ausência de definição clara de escopo em muitos projetos. Em vários casos, nem sequer havia um alinhamento inicial formalizado. Isso tornava ainda mais difícil convencer alguém de que valia a pena automatizar um processo cuja estrutura ainda era frágil. Como aplicar inteligência em algo que nem sequer está definido com clareza?

Outro obstáculo foi a dificuldade de enxergar o valor da automação logo no início. Era mais simples, e aparentemente mais "rápido", seguir com planilhas e alinhamentos orais do que parar, estruturar e construir um fluxo automatizado. O pensamento de longo prazo teve que vencer o imediatismo operacional.

Mesmo assim, segui insistindo, aos poucos. Criei as primeiras automações, fui testando com minha própria equipe, ajustando os fluxos, validando os resultados e mostrando os ganhos. Com o tempo, os benefícios começaram a se tornar visíveis. E isso, naturalmente, foi abrindo espaço para a aceitação da mudança.

12.6. A reação das pessoas: da resistência silenciosa à adoção natural

Toda mudança, mesmo quando bem intencionada, carrega consigo um certo desconforto. E não foi diferente com esse projeto. Quando comecei a sugerir alterações na forma como os projetos eram conduzidos, percebi olhares de dúvida e certa hesitação no ar. A equipe de integração, por exemplo, já tinha seu fluxo estabelecido, usava Excel, fazia reuniões recorrentes, sabia o que tinha que entregar. Então, por que mudar?

A resistência não foi explícita. Ninguém disse que não funcionaria. Mas percebi nos gestos e nas atitudes o receio de perder o controle, de não entender a nova ferramenta ou até mesmo de depender de algo automatizado. O Jira parecia complexo, distante da rotina deles. E o uso da inteligência artificial, mais ainda.

Mesmo assim continuei. Em vez de forçar a mudança, criei uma ponte de entendimento. Apresentei o que eu já fazia com a minha equipe, mostrei como o Jira nos ajudava e, principalmente, compartilhei um modelo simples: um e-mail automatizado que entregava clareza de *status*, prioridades e andamento.

A primeira reação? Surpresa. No bom sentido. Lembro de um comentário direto:

"Christian, isso é legal. Ajuda bastante. Agora eu vou saber onde estamos."

Foi esse tipo de reconhecimento que abriu caminho para a adesão. Eles perceberam que não se tratava de tirar o controle das mãos deles, mas de devolver tempo, foco e confiança. Não precisavam mais procurar a informação, ela chegava até eles, toda semana, com objetividade.

Com o tempo, a automação deixou de ser uma curiosidade e passou a ser uma parte natural do processo. A equipe começou a usar os e-mails para se preparar melhor para as reuniões, antecipar pendências e até planejar suas entregas. Em pouco tempo, a mudança deixou de ser minha e passou a ser da equipe.

Mais do que a ferramenta, o que gerou essa virada foi a clareza de propósito e a constância da entrega. As pessoas não resistem à tecnologia quando ela é útil, simples e resolve um problema real. Foi isso que fiz questão de mostrar, semana após semana.

12.7. E quando o maior imprevisto é a falta de urgência?

Curiosamente, o maior imprevisto não foi um erro técnico, uma falha operacional ou um sistema que parou de funcionar. O verdadeiro obstáculo foi mais sutil: a ausência de urgência. Como o problema ainda não era reconhecido como tal pela organização, não havia pressão, muito menos conflito direto. Ninguém sentia falta daquilo que nunca havia sido estruturado. E isso dizia muito sobre a cultura vigente.

O acompanhamento dos projetos seguia como sempre havia sido: baseado em confiança, planilhas manuais, reuniões longas e esforço individual. Quando comecei a propor algo diferente, não enfrentei resistência técnica. Encontrei, na verdade, um campo neutro, onde o desafio não era vencer obstáculos explícitos, mas gerar movimento em meio à inércia. O objetivo era claro: mostrar que havia um caminho melhor, mesmo que ninguém estivesse pedindo por ele ainda.

Foi nesse contexto que percebi a oportunidade escondida nas entrelinhas. Ninguém chamava de "problema", mas todos sofriam com a desorganização. A comunicação truncada, o excesso de reuniões, as dúvidas recorrentes sobre *status* e prazos, tudo isso indicava a falta de estrutura. E, ao apresentar uma solução funcional, não ofereci apenas uma nova ferramenta, ofereci clareza, previsibilidade e segurança, valores escassos no cotidiano da operação.

A ausência de imprevistos não tornava o processo mais fácil. Pelo contrário, exigia mais sensibilidade e estratégia. Era preciso convencer pela demonstração, não pela imposição, e mostrar valor com as entregas. E foi justamente essa construção silenciosa, feita com consistência e cuidado, que deu força à proposta de automação. Ela foi ganhando espaço não por ser imposta, mas por ser reconhecida como útil, prática e necessária.

O impacto não veio da ferramenta em si, mas da forma como ela incentivava uma nova mentalidade: registrar, acompanhar, comunicar com objetividade. A tecnologia foi o meio. A transformação real estava na cultura.

A cultura começou a se estruturar em três pilares: visibilidade, responsabilidade e colaboração. Com as tarefas mais claras, as prioridades se ajustaram. Com a visibilidade dos dados, as decisões passaram a ser mais estratégicas. E, com o início da automação, os ruídos diminuíram, dando espaço para o diálogo verdadeiro sobre o que realmente importava.

Ao final, ficou claro que não se tratava de digitalizar processos, mas de influenciar comportamentos. O que começou como uma inquietação individual se transformou em uma nova forma de enxergar, organizar e conduzir projetos dentro da organização. Uma transformação silenciosa, porém profunda, baseada não em urgência, mas em propósito.

12.8. A solução construída com propósito e validação prática

O controle dos projetos até existia, ainda que de maneira fragmentada. Planilhas, anotações, reuniões e alinhamentos individuais garantiam, de certa forma, que as entregas ocorressem. Mas faltava algo essencial: um modelo de acompanhamento documentado, acessível e replicável.

Foi justamente por perceber essa ausência que decidi pensar em uma solução que não apenas atendesse ao fluxo dos projetos, mas que também fosse ágil, prática e, acima de tudo, útil no dia a dia das pessoas envolvidas.

A proposta de criar uma automação de *status reports* por e-mail nasceu dessa realidade. O objetivo era fazer com que o ponto focal do projeto soubesse, com clareza, o que estava acontecendo sem precisar buscar a informação ativamente. E, mais do que isso, permitir que ele se preparasse melhor para as reuniões, para as decisões e até mesmo para as tratativas internas.

A validação da solução não veio por meio de métricas frias ou *dashboards* sofisticados. Ela veio da prática. O simples fato de um colega me procurar, após receber o e-mail automatizado, para discutir uma atividade que apareceu no *status* já era a confirmação de que aquela automação estava cumprindo seu papel. A informação passou a circular com fluidez, e a conversa sobre projetos deixou de depender da memória e da disponibilidade do outro.

Essa solução foi construída com base na escuta, na observação e no entendimento do que realmente poderia funcionar naquele ambiente, e foi justamente isso que fez com que ela ganhasse adesão orgânica e respeito técnico.

12.9. O que deu muito certo e precisa ser compartilhado com o mercado

Se há algo que realmente funcionou nesse projeto foi a capacidade de transformar a comunicação entre áreas em algo eficaz, ágil e claro. Em um cenário de projetos estratégicos com prazos apertados e múltiplos *stakeholders*, conseguir estruturar um fluxo de informação automatizado, relevante e confiável foi um divisor de águas.

Mais do que implementar uma ferramenta ou automatizar um processo, o projeto mostrou que é possível aplicar inteligência artificial de forma objetiva e funcional, resolvendo problemas reais do dia a dia. A automação do *status report* por e-mail foi o primeiro passo. Mas ela também abriu portas para pensar em outras possibilidades, como o uso de agentes de IA capazes de gerar relatórios sob demanda, transcrever reuniões, montar roteiros de levantamento de requisitos ou até mesmo apoiar a construção de atas com base em conversas reais.

São práticas como essas que mostram o valor da inovação aplicada com propósito. Não se trata apenas de seguir uma tendência tecnológica. Trata-se de agregar valor, oferecer qualidade e tornar a operação mais estratégica e menos operacional, trazendo inteligência para o centro da execução.

Esse projeto provou que quando a IA é colocada a serviço de um desafio concreto, ela deixa de ser uma promessa distante e passa a ser um diferencial competitivo real.

12.10. Lições aprendidas, e o que eu faria diferente

Uma das principais lições que carrego deste projeto é que nunca devemos desistir de buscar algo que agregue valor real à empresa e às entregas que fazemos. Mesmo quando o cenário não oferece estrutura ou quando a necessidade não é visível para todos, é possível, e necessário, agir com iniciativa. Quando seguimos com convicção, mesmo enfrentando dificuldades ou resistências iniciais, os resultados surgem e passam a ser reconhecidos.

Esse projeto me ensinou que o esforço de fazer diferente, de criar uma solução que antes não existia, pode gerar um impacto que vai além da tecnologia. Ele influencia a cultura, melhora as relações e fortalece a confiança entre áreas. E, acima de tudo, mostra que inovação não precisa nascer de grandes investimentos, mas sim da combinação entre sensibilidade, técnica e propósito.

Se eu pudesse voltar ao início, faria, sim, algumas coisas de forma diferente. O cenário à época não era favorável, mas sempre há algo que pode ser ajustado, refinado ou aprimorado. O maior risco que podemos correr é aceitar tudo como está e deixar de acreditar que é possível melhorar.

Buscar um novo caminho, pensar diferente e estar disposto a ensinar, ou ser ensinado, é o que transforma a tecnologia em resultado. E esse é um valor que levo comigo não apenas como gestor de projetos, mas como profissional comprometido com a evolução constante.

12.11. Considerações finais

Este *case* não nasceu de um plano estratégico ou de uma diretriz executiva, mas de uma inquietação real, sentida no dia a dia de quem precisava entregar resultado. A dor não era visível nos relatórios – mas estava ali, nos ruídos de comunicação, nos alinhamentos repetitivos, no retrabalho silencioso.

A grande virada não foi uma ferramenta, mas uma decisão: aplicar automação com propósito, começando pequeno, validando com o time e expandindo à medida que o valor era percebido.

Hoje, olho para trás com orgulho do caminho trilhado. E com a certeza de que a tecnologia, quando colocada a serviço das pessoas e aplicada com inteligência e sensibilidade, é capaz de gerar eficiência, pertencimento, colaboração e confiança.

Que este capítulo inspire outros profissionais a identificar oportunidades onde muitos só veem rotina. Porque, às vezes, tudo que um projeto precisa é de alguém disposto a enxergar além da planilha – e começar a transformação onde ninguém ainda começou.

13. *Vibe coding* e democratização por linguagem natural

GILBERTO STRAFACCI

Gilberto Strafacci Neto é Vice-Presidente da Setec Consulting Group, onde lidera iniciativas estratégicas em excelência operacional, transformação digital e inovação.

Atua há mais de 20 anos com consultoria, tendo apoiado grandes organizações dos setores industrial, financeiro, saúde e serviços em programas de melhoria contínua e adoção de novas tecnologias.

É coautor dos livros *Jornada RPA* e *Hiperautomação* e *Jornada RPA* e *Hiperautomação Cases*, referências nacionais sobre automação inteligente, e autor do livro Multiverso Lean, que explora a integração entre pensamento enxuto, gestão moderna e inovação.

É reconhecido como um dos principais especialistas em *Lean*, IA aplicada à gestão e transformação organizacional no Brasil.

A chegada da IA generativa marcou um ponto de inflexão nos programas de democratização da tecnologia dentro das organizações. Até então, as iniciativas de *Citizen Development* com plataformas *low-code* já vinham ganhando força, permitindo que profissionais sem formação em TI pudessem criar automações, *dashboards* e aplicativos simples. No entanto, com a evolução para o *no code* viabilizado por interfaces de **linguagem natural**, a barreira técnica praticamente desapareceu. Hoje, qualquer colaborador com conhecimento de processo é capaz de descrever uma necessidade em texto e ver a solução ser parcialmente construída por assistentes como Copilot, Gemini ou ChatGPT, eliminando a necessidade de aprender lógica de programação ou estruturas complexas de dados.

Esse movimento deu origem ao que já se convencionou chamar de ***vibe coding*** – a prática de programar ou estruturar soluções sem codificar no sentido tradicional, mas sim por meio de interações conversacionais com assistentes baseados em IA. Nesse novo paradigma, o código é abstraído e substituído por uma experiência mais intuitiva, em que o profissional descreve o que precisa ("quero um formulário que envie alertas para o e-mail do gestor se o campo de SLA estiver acima de 48h") e a IA traduz essa intenção em uma aplicação funcional. O *vibe coding* não substitui o desenvolvedor, mas amplia o acesso à criação de soluções por parte de quem antes estava limitado a consumir tecnologia, não a produzi-la.

Dados do *World Economic Forum* (ORDUÑA, 2020) mostram que a **destreza digital** é uma das principais competências do futuro, com impacto direto na produtividade e empregabilidade. Um estudo da Accenture de 2023 (ACCENTURE, 2023) apontou que empresas com alta maturidade digital possuem uma **produtividade até três vezes maior** em comparação às de baixa maturidade. Além disso, a adoção de ferramentas baseadas em IA contribui para um efeito de nivelamento dentro das equipes: profissionais menos experientes conseguem produzir entregas de alta qualidade com apoio dos copilotos, enquanto os mais experientes ganham velocidade e foco para decisões de maior impacto. A curva de aprendizado é encurtada, e o *gap* entre júnior e sênior diminui substancialmente.

Outro efeito direto da IA generativa é a mudança no perfil das lideranças técnicas. Se antes o domínio de linguagem de programação era um critério-chave, agora o que se busca são profissionais com capacidade de traduzir problemas de negócio em soluções digitais de forma estruturada, articulando tecnologia, processo e experiência do usuário. A fluência em ferramentas como Power Platform, Vertex AI, AppSheet ou o domínio de *prompt engineering* passou a ser um diferencial competitivo em áreas como RH, Operações, Atendimento e Financeiro. Nesse contexto, programas como o **Digital Belt®** tornam-se essenciais para acelerar a capacitação prática de colaboradores em ambientes produtivos e reais.

Por fim, é importante destacar que a IA generativa não torna todos especialistas, mas torna **todos capazes de entregar**. Essa é a verdadeira democratização: não se trata de substituir desenvolvedores, mas de multiplicar solucionadores. O papel dos programas de capacitação passa a ser o de formar pessoas com raciocínio estruturado, visão sistêmica e domínio das ferramentas digitais de nova geração. E esse novo perfil profissional, híbrido por natureza, é o que permitirá às organizações escalar a inovação com mais velocidade, mais profundidade e mais proximidade do negócio.

13.1. De *Citizen Developer* a Digital Belt®: a nova era da melhoria contínua com IA generativa

A figura do *Citizen Developer* surgiu como resposta à necessidade crescente de descentralizar a tecnologia dentro das organizações. Se antes a criação de soluções digitais estava restrita a áreas especializadas como TI, hoje qualquer profissional, munido de ferramentas *low-code/no-code* e IA generativa pode desenvolver automações, relatórios, aplicações e fluxos inteligentes que resolvem problemas reais. Mas essa democratização só se sustenta com método, mentoria e alinhamento estratégico. É nesse ponto que nasce o **Digital Belt®**, uma metodologia criada pelo Setec Consulting Group para formar agentes internos de transformação com capacidade técnica, visão de processo e compromisso com a execução de projetos.

Mais do que uma capacitação técnica, o **Digital Belt®** é uma trilha formativa que combina fundamentos de inovação (como *Lean Startup* e *Design Thinking*), uso aplicado de plataformas (Microsoft Power Platform, Google AppSheet, Vertex AI) e foco em entrega de valor mensurável. Os participantes não apenas aprendem a usar ferramentas – eles desenvolvem projetos reais, orientados por mentores experientes, com entregáveis, cronogramas e validação por meio de bancas técnicas. Esse modelo resolve um dos principais gargalos da transformação digital: o abismo entre capacitação e execução.

A presença de mentores é crítica. Eles garantem a aderência metodológica, desafiam a solução técnica e ajudam a manter o foco na experiência do usuário final. Mas o impacto do programa não termina ao final dos treinamentos. O modelo define intencionalmente **multiplicadores internos** – participantes mais engajados e preparados, que continuam a jornada dentro da organização como apoiadores de novas turmas e difusores das boas práticas. Essa camada de liderança técnica descentralizada é o motor que permite escalar e acelerar os planos de ação dos times de melhoria contínua, substituindo o modelo de dependência por um ecossistema de solução distribuída.

13.2. A integração de tecnologia com melhoria contínua

Desde o início, sempre houve uma afinidade natural entre os programas de melhoria contínua e o ideal de democratização. Metodologias como o *Lean* e o Seis Sigma nasceram com a proposta de empoderar pessoas na linha de frente para identificar desperdícios, propor melhorias e gerar impacto real no desempenho dos processos. O uso de ferramentas como SIPOC, 5 Porquês, Ishikawa e PDCA sempre foi incentivado não apenas entre especialistas, mas também entre profissionais operacionais e administrativos. A base da melhoria contínua sempre foi a participação ampla e o protagonismo distribuído. O que muda agora é que, com o avanço das tecnologias digitais e da IA, essa lógica ganha uma nova dimensão: a de poder também construir soluções tecnológicas, não apenas sugeri-las.

A evolução do movimento de *Citizen Development*, impulsionado pelas plataformas *low-code*, já permitia que profissionais desenvolvessem automações, *dashboards* e *workflows* com apoio pontual da TI. Mas a verdadeira ruptura vem com o *no code* e, especialmente, com a integração da IA generativa nessas plataformas. Ferramentas como Power Automate, Copilot Studio, AppSheet e AI Builder tornaram possível construir soluções complexas com comandos em linguagem natural, eliminando barreiras técnicas que antes exigiam conhecimento em lógica de programação ou engenharia de dados. Agora, a distância entre identificar um problema e entregar uma solução digital funcional foi drasticamente reduzida.

Esse novo cenário abre uma possibilidade concreta de escalar os programas de melhoria contínua para patamares inéditos. Nos ciclos tradicionais de *Lean Six Sigma*, os *Green Belts* e *Black Belts* sempre concentraram a capacidade de análise e transformação. Mas, com a chegada dessas ferramentas, até mesmo ***Yellow Belts*** – profissionais que muitas vezes estão em seu primeiro contato com metodologias estruturadas – já conseguem explorar IA para análise de causa-raiz, automatizar tarefas simples e até desenvolver MVPs com apoio visual e comandos de texto. O que antes era reservado a projetos complexos conduzidos por especialistas agora se torna acessível a qualquer colaborador treinado.

Com isso, a lógica dos programas muda: o foco não está mais apenas em formar especialistas, mas em **criar uma massa crítica de solucionadores distribuídos**, capazes de agir rapidamente sobre problemas locais com ferramentas digitais. A Setec capturou esse momento com o Digital Belt®, unindo as metodologias da melhoria contínua à capacidade técnica habilitada pela IA. Democratizar o poder de construir soluções é, hoje, tão importante quanto ensinar a resolver problemas. E a convergência entre melhoria contínua e tecnologia deixou de ser uma aspiração – agora é um modelo operacional comprovado, escalável e replicável.

13.3. Digital Belt® no maior banco do Brasil

Esse modelo foi colocado à prova em um dos maiores desafios já enfrentados: implementar a metodologia Digital Belt® em escala nacional dentro do **maior banco do país.** Em apenas duas turmas, 70 participantes passaram por sete módulos formativos, com carga horária total de 52 horas por turma, além de mentorias semanais por projeto. O programa teve início com apenas 16 horas de planejamento e mobilização, e em menos de três semanas os participantes já estavam estruturando soluções com alto grau de complexidade.

Ao final, foram entregues **32 projetos reais**, dos quais **20 ultrapassaram a nota mínima de 60 pontos** exigida nas bancas finais. As avaliações seguiram critérios como complexidade, grau de automação, benefício gerado, replicabilidade e uso da IA generativa. A média geral foi de 62 pontos em um total possível de 75, com destaque para o projeto campeão, que atingiu 74 pontos ao centralizar e automatizar a gestão de chamados com Power Apps, Power Automate, SharePoint, AI Builder e Power BI.

Os dados também evidenciam o impacto estrutural do programa: **79% dos participantes foram aprovados.** Os projetos foram classificados conforme o tipo de solução: 21 *dashboards*, oito automações e três fluxos de gestão. Mais importante, **18 projetos foram considerados com alto potencial de reúso**, e todos os participantes saíram certificados nos níveis *Foundation*, *Trained* ou *Expert*, dentro da trilha Power Platform Digital Belt® e IA Digital Belt®.

A consolidação do Digital Belt® nesse banco mostrou que a transformação digital não acontece em grandes planos estratégicos isolados, mas na execução contínua, distribuída e orientada por quem vive o problema. E é justamente isso que o programa oferece: a capacidade de fazer da melhoria uma prática viva, sustentada por pessoas, tecnologia e método. Democratizar a inovação deixou de ser uma utopia; tornou-se um processo replicável – com marca registrada.

13.4. Lições aprendidas

A experiência com o programa Digital Belt® no maior banco do país trouxe aprendizados valiosos para qualquer organização que deseje escalar a transformação digital por meio de *Citizen Developers*. A primeira e talvez mais relevante lição é sobre a seleção das pessoas certas. Embora muitas se apresentem como entusiastas ou com experiência prévia em tecnologia, a jornada de três meses exige compromisso real com entregas, participação em mentorias, superação de obstáculos técnicos e colaboração ativa. Mesmo profissionais com perfil mais autônomo precisam de apoio estruturado e acompanhamento constante. A curva de aprendizado existe, e o papel do mentor se mostra fundamental para manter o foco, transformar ideias em soluções e manter o engajamento ao longo do tempo.

Outro ponto crítico é o alinhamento prévio com a área de TI. Por mais que a proposta seja de empoderamento e autonomia, a transição das soluções desenvolvidas para o ambiente produtivo precisa ser planejada desde o início. Questões como concessão de acessos, conexão com bases de dados, políticas de segurança e governança de ambientes precisam estar claras e aprovadas para evitar retrabalho ou bloqueios no final da jornada. Sem esse alinhamento, muitos projetos com alto potencial ficam estagnados na fase de MVP.

Também foi evidente o valor de começar pequeno para pensar grande. Ao limitar a primeira rodada a dois grupos com 70 participantes e 32 projetos, foi possível estabelecer uma cadência saudável de mentorias, testes e ajustes de rota. A estrutura modular do Digital Belt® permite essa escalabilidade controlada, o que é essencial para amadurecer o modelo, formar multiplicadores e evitar a armadilha do entusiasmo inicial sem sustentação. A construção progressiva de casos de sucesso viabiliza o crescimento estruturado, com ganhos de escala sustentados por aprendizados concretos.

Por fim, a presença de um parceiro externo atualizado e com visão de ecossistema é determinante. A velocidade de evolução das ferramentas de IA, automação e desenvolvimento *low-code/no-code* é altíssima. Novas funcionalidades são lançadas mensalmente, mudando drasticamente o que é possível ou recomendável ensinar. A Setec, por exemplo, revisa seus conteúdos e laboratórios a cada três meses, adaptando os exemplos práticos às últimas versões das plataformas e garantindo que o conhecimento esteja alinhado ao estado da arte. Esse dinamismo só é viável com uma estrutura dedicada e integrada ao ecossistema tecnológico, algo que dificilmente pode ser mantido apenas com times internos.

REFERÊNCIAS

ACAR, O. A. AI prompt engineering isn't the future. **Harvard Business Review**, June 6, 2023. Disponível em: <https://hbr.org/2023/06/ai-prompt-engineering-isnt-the-future>. Acesso em: 24 jul. 2025.

ACCENTURE. Entre os C-Level, IA é a prioridade digital na jornada para a resiliência operacional. **Accenture Newsroom**, 23 maio 2023. Disponível em: <https://newsroom.accenturebr.com/br/news/2023/entre-os-c-level-ia-e-prioridade-digital-na-jornada-para-resiliencia-operacional>. Acesso em: 24 jul. 2025.

BRASIL. **Lei nº 13.103, de 2 de março de 2015.** Dispõe sobre o exercício da profissão de motorista; altera a Consolidação das Leis do Trabalho – CLT, aprovada pelo Decreto-Lei nº 5.452, de 1º de maio de 1943, e as Leis nº 9.503, de 23 de setembro de 1997 – Código de Trânsito Brasileiro, e 11.442, de 5 de janeiro de 2007 (empresas e transportadores autônomos de carga), para disciplinar a jornada de trabalho e o tempo de direção do motorista profissional; altera a Lei nº 7.408, de 25 de novembro de 1985; revoga dispositivos da Lei nº 12.619, de 30 de abril de 2012; e dá outras providências. Disponível em: <https://www.planalto.gov.br/ccivil_03/_ato2015-2018/2015/lei/l13103.htm>. Acesso em: 28 jul. 2025.

BUETTNER, D. **The Blue Zones of Happiness:** lessons from the world's happiest people. Washington, DC: National Geographic, 2017.

DASTIN, J. Insight – Amazon scraps secret AI recruiting tool that showed bias against women. **Reuters**, Oct. 10, 2018. Disponível em: <https://www.reuters.com/article/us-amazon-com-jobs-automation-insight/amazon-scraps-secret-ai-recruiting-tool-that-showed-bias-against-women-idUSKCN1MK08G>. Acesso em: 18 jul. 2025.

EGGERS, W. D.; HAGEL, J.; SANDERSON, O. Mind the (Skills) Gap. **Harvard Business Review**, Sep. 21, 2012. Disponível em: <https://hbr.org/2012/09/mind-the-skills-gap>. Acesso em: 18 jul. 2025.

ELLINGRUD, K. *et al*. Generative AI and the future of work in America. **McKinsey Global Institute**, July 26, 2023. Disponível em: <https://www.mckinsey.com/mgi/our-research/generative-ai-and-the-future-of-work-in-america>. Acesso em: 20 jul. 2025.

FUTURE OF LIFE INSTITUTE. Site. Disponível em: <https://futureoflife.org/>. Acesso em: 24 jul. 2025.

G1. Musk, cofundador da Apple e mais: quem apoia pausa nos avanços em inteligência artificial. **G1**, 30 mar. 2023. Disponível em: <https://g1.globo.com/tecnologia/noticia/2023/03/30/musk-cofundador-da-apple-e-mais-quem-apoia-pausa-nos-avancos-em-inteligencia-artificial.ghtml>. Acesso em: 18 jul. 2025.

HARARI, Y. N. The meaning of life in a world without work. **The Guardian**, May 08, 2017. Disponível em: <https://www.theguardian.com/technology/2017/may/08/virtual-reality-religion-robots-sapiens-book>. Acesso em: 18 jul. 2025.

JESUTHASAN, R.; BOUDREAU, J. W. **Trabalho na era da IA.** São Paulo: MBooks, 2020.

LEE, K.-F. **Inteligência artificial:** como os robôs estão mudando o mundo, a forma como amamos, nos relacionamos, trabalhamos e vivemos. Rio de Janeiro: Globo Livros, 2019.

O 'PADRINHO' da inteligência artificial que se demitiu do Google e adverte sobre perigos da tecnologia. **BBC News Brasil**, 02 maio 2023. Disponível em: <https://www.bbc.com/portuguese/articles/cgr1qr06myzo>. Acesso em: 18 jul. 2025.

OKR INTERNATIONAL. **OKRs State of the Industry Report.** Disponível em: <https://okrinternational.com/okrs-soir/>. Acesso em: 25 jul. 2025.

ORDUÑA, N. COVID-19: why we must take the widescreen view of workforce uncertainty. **World Economic Forum**, Aug. 4, 2020. Disponível em: <https://www.weforum.org/stories/2020/08/covid19-digitalization-workforce-digital-skills/>. Acesso em: 24 jul. 2025.

PRINTZ, C. Artificial Intelligence platform for oncology could assist in treatment decisions. **CancerScope**, Mar. 06, 2017. Disponível em: <https://acsjournals.onlinelibrary.wiley.com/doi/10.1002/cncr.30655>. Acesso em: 18 jul. 2025.

REDAÇÃO BBC MUNDO. O engenheiro do Google afastado por dizer que inteligência artificial da empresa ganhou consciência própria. **BBC News Brasil**, 14 jun. 2022. Disponível em: <https://www.bbc.com/portuguese/geral-61798044>. Acesso em: 18 jul. 2025.

RUDNITSKY, J. ChatGPT fomenta mercado de IA que pode chegar a US$ 1,3 tri ao ano até 2032. **Bloomberg Línea**, 01 jun. 2023. Disponível em: <https://www.bloomberglinea.com.br/2023/06/01/chatgpt-fomenta-mercado-de-ia-que-pode-chegar-a-us-13-tri-ao-ano-ate-2032/>. Acesso em: 18 jul. 2025.

SCHWAB, K. **A Quarta Revolução Industrial.** São Paulo: Edipro, 2018.

SINGH, M.; RANA, A. IA generativa: rumo a uma receita de US$ 1,3 trilhão até 2032. **Bloomberg**, 09 maio 2024. Disponível em: <https://www.bloomberg.com.br/blog/ia-generativa-rumo-receita-us-13-trilhao-2032/>. Acesso em: 24 jul. 2025.

SNOW, J. Amazon's face recognition falsely matched 28 members of Congress with mugshots. **ACLU**, July 26, 2018. Disponível em: <https://www.aclu.org/news/privacy-technology/amazons-face-recognition-falsely-matched-28>. Acesso em: 18 jul. 2025.

TOEWS, R. Deepfakes are going to wreak havoc on society. We are not prepared. **Forbes**, May 25, 2020. Disponível em: <https://www.forbes.com/sites/robtoews/2020/05/25/deepfakes-are-going-to-wreak-havoc-on-society-we-are-not-prepared/?sh=4769a4527494>. Acesso em: 18 jul. 2025.

VIGDOR, N. Apple Card Investigated After Gender Discrimination Complaints. **New York Times**, Nov. 10, 2019. Disponível em: <https://www.nytimes.com/2019/11/10/business/Apple-credit-card-investigation.html>. Acesso em: 18 jul. 2025.

WAKABAYASHI, D. Self-driving Uber car kills pedestrian in Arizona, where robots roam. **New York Times**, Mar. 19, 2018. Disponível em: <https://www.nytimes.com/2018/03/19/technology/uber-driverless-fatality.html>. Acesso em: 18 jul. 2025.

WAKEFIELD, J. Microsoft chatbot is taught to swear on Twitter. **BBC**, Mar. 24, 2016. Disponível em: <https://www.bbc.com/news/technology-35890188>. Acesso em: 18 jul. 2025.

WORLD ECONOMIC FORUM. **The Future of Jobs Report 2020.** Oct. 20, 2020. Disponível em: <https://www.weforum.org/reports/the-future-of-jobs-report-2020/>. Acesso em: 18 jul. 2025.

SOBRE A BRASPORT

Há 30 anos, a Brasport é referência em publicações de tecnologia, gestão e carreira.

Nosso catálogo, disponível em **www.editorabrasport.com.br**, é composto por obras que você encontra tanto em livrarias físicas, como na Amazon e em eventos especializados.

Além disso, nossas publicações estão acessíveis em uma plataforma digital que alcança 4 milhões de assinantes, distribuídos em 900 universidades e empresas.

Quer se unir a essa trajetória de sucesso? Entre em contato conosco pelo e-mail: **administrativo@brasport.com.br**

BRASPORT